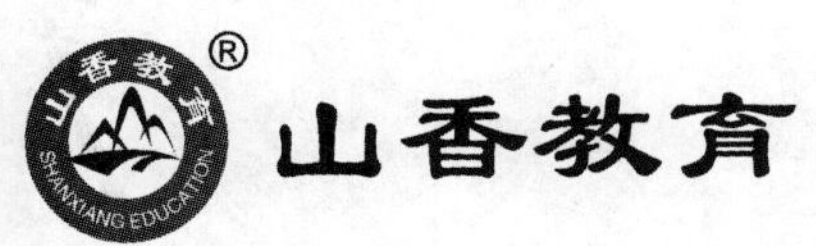

国家教师资格考试

21天通关10套卷·幼儿园

综合素质

山香教师资格考试命题研究中心　主编

关注公众号,点击“上岸急救”“笔试练习”领取历年真题及预测卷20套!

图书在版编目(CIP)数据

国家教师资格考试·21天通关10套卷. 综合素质. 幼儿园 / 山香教师资格考试命题研究中心主编. --北京 : 首都师范大学出版社,2018.3(2021.12重印)

ISBN 978-7-5656-4303-3

Ⅰ. ①国… Ⅱ. ①山… Ⅲ. ①教师素质-幼教人员-资格考试-习题集 Ⅳ. ①G451.1-44

中国版本图书馆CIP数据核字(2018)第046184号

国家教师资格考试21天通关10套卷

ZONGHE SUZHI YOUERYUAN

综合素质·幼儿园

山香教师资格考试命题研究中心　主编

策划编辑　张文强

责任编辑　李　梅　王慕飞　　　　封面设计　山香教育

首都师范大学出版社出版发行

地　　址　北京市西三环北路105号

邮　　编　100048

咨询电话　010-68418523(总编室)　　010-68982468(发行部)

网　　址　http://cnupn.cnu.edu.cn

印　　刷　河南黎阳印务有限公司

经　　销　全国新华书店

版　　次　2018年7月第1版

印　　次　2021年12月第5次印刷

开　　本　787mm×1092mm　1/16

印　　张　6

字　　数　135千

定　　价　22.00元

版权所有　翻印必究

前　言

中小学教师资格考试是由国家建立考试标准,省级教育行政部门组织的全国统一考试,包括笔试和面试两部分。笔试主要考查申请人从事教师职业所应具备的教育理念、职业道德、法律法规知识、科学文化素养、阅读理解、语言表达、逻辑推理和信息处理等基本能力;教育教学、学生指导和班级管理的基本知识;拟任教学科领域的基本知识,活动设计实施评价的知识和方法,运用所学知识分析和解决教育教学实际问题的能力。幼儿园教师资格考试笔试科目为《综合素质》《保教知识与能力》2 科。笔试一般在每年 3 月和 11 月各举行一次,笔试单科成绩有效期为 2 年。笔试科目均合格的考生,可参加教师资格考试面试。

为帮助广大有志于投身教师行业的考生能在最短时间内,高效通过考试,山香教育在调研历年教师资格考试真题的基础上,结合最新考试标准和考试大纲,精心编写了这套《国家教师资格考试·21 天通关 10 套卷》。

本套试卷具有以下特点:

1. 紧依大纲,浓缩考点。本套试卷按照最新考试大纲编写,知识点全面,题型设置和整体难度也较为准确、全面地反映了大纲的要求,是考生进行备考不可多得的辅导资料。

2. 分析考题,精准预测。本套试卷依真题进行命制,切中考点,命中率高,帮助考生有针对性地进行强化训练。

3. 答案要点,精讲精析。本套试卷的答案解析不仅给出了答案,而且对知识点进行了详细、独到、启发性极强的解析,注重解题思路的规范性和技巧性,以期达到全面提升考生应试能力的效果。

本套试卷难免存在一些不足之处,衷心希望各位读者朋友批评指正,同时希望这套试卷能为考生顺利通过教师资格考试提供帮助。

编　者

目 录

第一阶段 核心训练试卷

第二阶段 题型分类试卷

第三阶段 模拟试卷

第一阶段　核心训练试卷

（本阶段共 16 天）

努力的意义，不在于一定会让你取得多大的成就，而是让你在平凡的日子里，活成自己喜欢的模样。

第 1 天　　试卷一　教育观

一、单项选择题(本大题共 9 小题,每小题 2 分,共 18 分)

1. 平时纪律比较差的图图在这次手工课上表现得特别出色,不仅很好地完成了手工课上老师的要求,还帮助了其他的小朋友。胡老师表扬道:“每种色彩,都应该盛开。”胡老师的做法(　　)

A. 正确,关注了幼儿的个性发展　　B. 错误,忽视了幼儿的品行发展

C. 正确,关注了幼儿的动作发展　　D. 错误,忽视了幼儿的身心健康

2. 刘老师经常在课堂上设计一些开放性问题,引导学生自由讨论,探索答案。同事马老师对刘老师说:“你这样做会使学生思维太发散,也浪费时间,将来考试肯定会吃亏的。我从不这样做!”下列选项中正确的是(　　)

A. 马老师的说法合理,有利于提高学生学习成绩

B. 刘老师的做法得当,有利于培养学生创新意识

C. 马老师的说法欠妥,不利于维持课堂教学秩序

D. 刘老师的做法欠妥,不利于保证正常教学进度

3. 幼儿园大班的张老师认为,大班的孩子们马上要升小学了,所以当前最重要的任务是为升小学做准备,于是她将本学期的绘画课、手工课全都换成了识字课和数学课。张老师的做法(　　)

A. 正确,为幼儿升小学做准备　　B. 正确,有助于幼儿提前适应小学生活

C. 不正确,违背了素质教育的观念　　D. 不正确,应先征得家长的同意

4. 某幼儿园大班新购买了一套新颖的玩具,班级内的幼儿都很想玩一玩,但因为玩具数量有限,蒋老师便规定只有“表现好的小朋友”才能玩新玩具。一个学期过去了,仍有好几个小朋友一次也没玩过新玩具。蒋老师的做法(　　)

A. 正确,建立了良好的班级秩序　　B. 正确,教师有权自主管理班级

C. 不正确,未能平等公正地对待幼儿　　D. 不正确,应先征得家长们的同意

5. “雪化了变成什么?”一个幼儿回答:“变成了春天!”这个富有想象力、艺术性的答案却被老师评价为不认真思考。老师的做法忽视了幼儿的(　　)

A. 独立性　　B. 创造性　　C. 发展性　　D. 主体性

6. 课堂上杨老师对某个问题的解释有错误,幼儿指出后,杨老师表扬该生善于思考,具有质疑精神。下列说法中不恰当的是(　　)

A. 杨老师注重培养幼儿的反思能力　　B. 杨老师注重培养幼儿的自我评价能力

C. 杨老师注重培养幼儿的创新能力　　D. 杨老师注重培养幼儿的求异思维能力

7. 王老师在教授《月儿弯弯》时，其中有句话是“月儿弯弯挂蓝天”。小聪就有疑问，月亮都是晚上出来的，怎么天空不是黑色的而是蓝色的，王老师不知道怎么回答，便训斥小聪在课堂上问与教学无关的问题，从此小聪不再喜欢在课堂上发言。关于王老师的做法，表述正确的是(　　)

A. 王老师的做法合理，因为这样才能维持好课堂秩序

B. 王老师的做法欠妥，不应该对学生做任何限制

C. 王老师的做法合理，因为教师必须在课堂中树立威信

D. 王老师的做法欠妥，扼杀了学生的创造性思维

8. 科学课上，一位教师在用天平称粉笔时，忘了拆下天平物盘下的胶垫，出现了第一次称一支粉笔为100克，第二次称一支粉笔为10克的情况。面对这种情况，以下哪种处理方式最为合适(　　)

A. 向学生解释说是测量工具引起的误差

B. 反问学生：“这是为什么呢？”从而引起学生思考

C. 假装什么都没发生

D. 向学生解释这是因为在称的过程中粉笔有损耗

9. 手工课上，大家都在做圣诞树，突然一个幼儿大声说：“莉莉的圣诞树太丑了，都长歪了！”全班幼儿都大笑起来。莉莉眼里满含泪花。这时老师正确的做法应是(　　)

A. 大声训斥，让大家保持安静

B. 坐视不理，让幼儿自行解决

C. 来到莉莉身边，把她的圣诞树摆正

D. 告诉幼儿“莉莉的圣诞树正被大风吹着，所以是歪的”

二、材料分析题(本大题1小题，共14分)

材料：

在一次音乐游戏中，任老师做了一个很复杂的动作，很多孩子都不会做……这时候，佳佳对老师说：“老师，我不想跟你那样做，我想和你做的不一样！”任老师说：“完全可以呀！”在佳佳的带动下，好多小朋友和老师说：“老师，我们也想做不一样的动作。”游戏重新开始，孩子们做得特别认真，做了很多平时没有做过的动作。但是，就在这时，任老师发现只有琦琦坐在属于自己的座位上，不说话也不做动作。琦琦的父母一年前因感情不和离婚，这对琦琦影响很大，往常活泼开朗的孩子，日渐沉默寡言，总是自己孤孤单单地坐在一个地方。任老师看到琦琦的反应，走过去，轻轻抱住琦琦，对她小声说：“琦琦一会儿你最喜欢的熊猫就要来参加我们的活动了，你的好朋友就要来了，你不是一直很想它吗？”琦琦点点头。“那让我们一起跳舞欢迎它吧。”任老师边说着边引导小朋友一起邀请琦琦加入他们的“舞蹈团队”，慢慢地，琦琦开心了起来。

问题：请结合材料，从教育观的角度，评析任老师的教育行为。

第 2 天　试卷一　儿童观

一、单项选择题(本大题共 9 小题,每小题 2 分,共 18 分)

1. 詹老师在介绍教学经验时说:“在课堂上,学生就如同一张白纸,任凭老师在上面写写画画,学生的知识就是这样获得的。”詹老师的说法(　　)

A. 不恰当,学生是课堂中的主体　　B. 恰当,学生是接受知识的人

C. 不恰当,课堂应以学生为主导　　D. 恰当,教师是传递知识的人

2. 冰冰画了一幅画,画上有绿色的太阳和黑色的草地。对此,老师合理的回应方式应是(　　)

A. 批评冰冰画得不合常理　　B. 耐心了解冰冰的想法

C. 不予置评,顺其自然　　D. 耐心帮助冰冰重新填色

3. 新转来的学生小明常常以叛逆者自居。他经常在上课时表现出怪异行为,比如:学狼叫、席地而坐,甚至在众目睽睽之下从讲台爬回自己的座位。所有的老师都说小明是个十足的“坏孩子”,品行不端。作为班主任的李老师却没有放弃小明,她根据小明的具体情况采取了一系列补救措施。班主任李老师的做法(　　)

A. 正确,体现了学生是发展中的人　　B. 正确,体现了学生是独特的人

C. 正确,体现了学生是具有独立意义的人　　D. 错误,是一种浪费时间的行为

4. 某幼儿园举办“跳蚤市场”图书交易活动,学校鼓励所有幼儿积极地为图书交易活动做准备,如物品的收集、海报的绘制、广告语的设计、场地的布置等,促使活动顺利完成。该幼儿园的做法(　　)

A. 体现儿童是发展中的人　　B. 体现儿童是自律的人

C. 忽视了儿童的主动性　　D. 忽视了儿童的创造性

5. 一位美术老师在上课时要求学生以水果为题材进行创作,在学生画的过程中,老师发现小明把苹果画成了方形。面对这一情况,老师的做法最合理的是(　　)

A. 提醒同学们注意,苹果应该是圆形的,不要画成方形

B. 直接指出是小明画错了,帮他修改过来

C. 欣赏方形苹果的标新立异,提倡大家都画方形的苹果

D. 询问小明:“你把苹果画成方形很有创意,能给大家解释一下你的想法吗?”

6. 张老师认为幼儿是“一张白纸”,可以任人随意描绘;幼儿的头脑是一个“容器”,可以任意进行填塞。张老师的这一观点主要违背了儿童观中的(　　)

A. 幼儿身心发展是具有规律的　　B. 幼儿是学习的主体

C. 幼儿是权利主体　　D. 幼儿与成人之间存在巨大差异

7. 手工课上,淘淘总是折不好青蛙,急得满头大汗,而且还有些小情绪,不愿意再折了。刘老

师的说法正确的是(　　)

A.“来,我帮你折吧”　　B.“怎么这么笨,连青蛙也折不好”

C.“没关系的,需要帮忙吗”　　D.“这样对折不就好了嘛”

8. 罗老师教学经验丰富,他认为教学要以人为本,应当把成人看作成人,把孩子看作孩子。这说明罗老师认识到(　　)

A. 学生是权利的主体　　B. 学生是独特的人

C. 学生是学习的主体　　D. 学生是完整的人

9. 小班幼儿学习认识圆形、正方形、三角形,中班幼儿学习认识长方形、梯形、椭圆形,大班幼儿学习认识球体、正方体,这一课程安排体现的幼儿身心发展规律是(　　)

A. 不平衡性　　B. 个体差异性　　C. 阶段性　　D. 方向性

二、材料分析题(本大题 1 小题,共 14 分)

材料:

班里转来了一位女同学。她走进教室的时候,小朋友们先是面面相觑,而后捂住嘴埋下头哧哧地笑了起来。因为那女孩只有几绺稀疏的头发。女孩脸色惨白,像只受惊的小鹿,手足无措地找到自己的座位。接下来的几天,一些同学把这个“丑”女孩当作了谈笑的对象。老师看在眼里,记在心上。老师通过主动与女孩接触,发现这个女孩不仅心地善良,而且手特别巧,女孩是因为生过一场大病才变成这样的,她的父亲也离家出走了。后来,老师通过手工比赛,使同学们发现了她高超的折纸技巧;通过主题班会,帮助同学们理解了什么是真正的美。渐渐地,同学们都喜欢上了这个“丑”女孩,而且发现女孩原来有一双很大很美的眼睛。女孩的脸上从此有了快乐、自信的笑容。

问题:请结合材料,从儿童观的角度,评析老师的教育行为。

第 3 天　　　试卷一　教师观

一、单项选择题(本大题共 8 小题,每小题 2 分,共 16 分)

1. 围绕“多变的风”这一主题,幼儿园教师设计了课程目录树,整合了科学、艺术、语言、社会、健康等多个领域的活动。教师在这一过程中的角色是(　　)

A. 教育教学的研究者和反思者　　B. 幼儿发展的促进者和激励者

C. 课程的建设者和开发者　　D. 教育教学的组织者和管理者

2. 故事课上李老师正在讲《三只小猪》的故事,当讲到第一只小猪的房子被大灰狼吹倒的时候,彤彤突然说:“小猪太笨了。”其他的小朋友也随声附和。对此,李老师正确的做法是(　　)

A. 让彤彤闭嘴,保持安静　　B. 借此引导幼儿展开讨论

C. 假装没听见,继续讲故事　　D. 制止幼儿,让其回家与父母一起讨论

3. 焦老师积极参与各种教师培训活动,返园后主动与同事们交流学习的心得体会,并将其运用于保教实践中。关于焦老师的做法,下列说法不正确的是(　　)

A. 体现了终身学习的自觉性　　B. 有利于师幼的共同发展

C. 推动了幼儿园的园本教研　　D. 有利于增进家园合作

4. 马老师发现学校的废旧纸盒、废旧轮胎在角落里无人问津,经过校长的同意后,在班级里进行了一节“变废为宝”的活动课程。马老师的行为体现了教师是(　　)

A. 课程的开发者和建设者　　B. 学生学习的促进者

C. 教育教学的研究者　　D. 社区型开放的教师

5. 李老师经常参与县教育局组织的“送教下乡,送教到基层”活动,为乡村、社区的人们讲学习方法,讲公民道德规范。这表明李老师(　　)

A. 具有较强的课程参与意识　　B. 具有较强的社区服务意识

C. 具有较强的课程研究意识　　D. 具有较强的终身学习意识

6. 小丽是个慢性子,做什么事都很慢,小朋友们不喜欢跟她玩,但胡老师总是在班上夸小丽很细心,很少犯错,值日时卫生打扫得很干净。胡老师的做法(　　)

A. 正确,在师生关系上能尊重、赞赏学生

B. 正确,老师是课程的建设者和开发者

C. 错误,老师不是学生学习和发展的促进者

D. 错误,老师不是教学反思者

7. 张老师在幼儿园开始关心如何教好每一堂课,关心诸如班级的大小、时间的压力和备课材

料是否充分等问题。根据福勒和布朗的理论,张老师处在(　　)

A. 关注生存阶段　　B. 关注情境阶段

C. 关注幼儿阶段　　D. 关注成长阶段

8. 白老师是学校里的骨干老师,他喜欢自己一个人钻研教学和做科研,拒绝与其他老师交流,他觉得自己的专业知识、教学经验可以让他有能力独立完成教学科研任务。针对白老师的做法,下列说法正确的是(　　)

A. 白老师的做法过于自私,但有利于其个人能力的提升

B. 白老师的做法妨碍了整个团队的发展,但营造了良好的竞争环境

C. 白老师的做法对自己的专业发展不利,容易使教育质量停滞不前

D. 白老师不应该和其他老师合作,以免其他老师得利,超过自己

二、材料分析题(本大题 1 小题,共 14 分)

材料:

户外活动时,几个孩子蹲在幼儿园的老槐树下,聚精会神地看着什么。“好有趣啊!”张老师寻着幼儿的声音慢慢地走过去,轻声地问:“你们在看什么呢?”铭铭高兴地回答:“老师,蚂蚁们在跳圆圈舞!”张老师听到这样的回答有点诧异,然后顺着他们的视线看了过去,确实蚂蚁们围成了圆圈状,再仔细一看,是因为地面上不小心撒了一圈蜂蜜。张老师低头沉思了片刻,心想,或许这对幼儿来说正是培养他们观察力及思考能力的好时候。于是张老师又轻声问:“大家再仔细看看、仔细想想,蚂蚁真的会跳圆圈舞吗?”几个孩子听到张老师的提问,观察得更仔细了,涨红着小脸热烈地讨论着。连续几次的户外活动时间,张老师都带幼儿出去观察周围的花花草草、小动物等。当发现周围有新奇的现象时,张老师便和幼儿一起讨论、探索,孩子们既开心,又增长了知识。于是张老师决定开发一门课程,每周选择一种常见植物或动物,带领孩子们观察、学习。

问题:请结合材料,从教师观的角度,评析张老师的教育行为。

第 4 天　试卷二　教育法律法规中关于时间、主管部门与制度的规定

单项选择题(本大题共 6 小题,每小题 2 分,共 12 分)

1. 根据《中华人民共和国宪法》的规定,行使宪法解释权的是(　　)

A. 最高人民法院　　B. 全国人民代表大会常务委员会

C. 最高人民检察院　　D. 中国人民政治协商会议

2. 未成年人的保护问题,不仅仅是教育活动领域中的问题,同时也是社会生活领域中的问题。《中华人民共和国未成年人保护法》中所指的未成年人是指(　　)

A. 未满 12 周岁的公民　　B. 未满 14 周岁的公民

C. 未满 16 周岁的公民　　D. 未满 18 周岁的公民

3. 洋洋是“留守儿童”,今年已经满 6 岁,但因为学校离家较远,因此洋洋的爷爷奶奶便不准备在今年送洋洋入小学。对洋洋的受教育权具有保障责任的是(　　)

A. 洋洋的监护人　　B. 当地教育部门

C. 儿童福利院　　D. 当地人民政府

4. 幼儿罗某在幼儿园组织的体育活动中受伤,幼儿园和幼儿家长书面请求教育主管部门进行调解。根据《学生伤害事故处理办法》,该主管部门完成调解的时间段为(　　)

A. 受理申请之日起 60 日内　　B. 受理申请之日起 45 日内

C. 受理申请之日起 30 日内　　D. 受理申请之日起 15 日内

5. 教师对学校或者其他教育机构侵犯其合法权益,或者对学校或者其他教育机构作出的处理不服的,可以向教育行政部门提出申诉,教育行政部门应当在接到申诉的(　　)作出处理。

A. 15 日内　　B. 45 日内

C. 30 日内　　D. 60 日内

6. 李某随外出务工的父母到某市上学,为李某提供平等接受义务教育条件的主体应为(　　)

A. 其户籍所在地人民政府　　B. 其父母或法定监护人

C. 其父母工作地人民政府　　D. 以上三者

第 5 天　试卷二　教育法律法规中关于原则方针、责任归属的规定

单项选择题(本大题共 9 小题,每小题 2 分,共 18 分)

1. 夏某常年负责校舍和教育教学设施的安全问题。某日,夏某发现一间教室的教育设施存在漏电危险,但是他却没有采取任何措施,之后设施漏电造成人员伤亡,并给学校造成了重大的财产损失。对此,下列说法正确的是(　　)

A. 学校应考虑夏某工作年限长,可以不予追究

B. 应依法追究夏某的刑事责任

C. 应依法给予行政处分

D. 夏某应依法承担民事责任

2. 小明偷偷带了芒果干并与同桌小红分享,班主任看到后明知小红对芒果过敏,却未及时制止(小明不知道小红对芒果过敏)。小红食用后因严重过敏入院,小红的家长要求赔偿相关费用。下列选项中,应承担主要赔偿责任的是(　　)

A. 小明　　B. 班主任　　C. 该幼儿园园长　　D. 该幼儿园

3. 李明因与幼儿园小朋友吵架,回家向家长哭诉。第二天李明家长带领五六个高大威猛的社会人员来到幼儿园,扬言不交出让李明受委屈的幼儿就不让幼儿园正常上课。根据有关法律,对李明家长及其他相关人员应该依法给予(　　)

A. 批评教育　　B. 治安管理处罚

C. 行政处分　　D. 民事责任

4. 龙龙在放学回家途中,因为闯红灯,被汽车撞倒在地,导致右腿骨折。对于龙龙所受伤害,下列选项正确的是(　　)

A. 学校没有过错,无须承担赔偿责任

B. 学校没有过错,但要承担部分赔偿责任

C. 学校有过错,应当承担赔偿责任

D. 学校有过错,但可免除赔偿责任

5. 小谢在上课时常找他人说话,影响课堂秩序。经多次提醒无效后,邓老师用透明胶带将其嘴巴封住。根据我国《未成年人保护法》的规定,由所在学校给予邓老师(　　)的处罚。

A. 罚款　　B. 撤销教师资格

C. 责令改正　　D. 撤销专业技术职务

6. 放学后,幼儿王某在校外玩耍时,故意将幼儿赵某推倒在地,致其左腕骨折,依据《学生伤害事故处理办法》的规定,应对赵某所受伤害承担主要责任的是(　　)

A. 王某的监护人　　B. 幼儿园

C. 王某的老师　　D. 王某

7. 某幼儿教师王云经常无故缺课、迟到、早退,并在园内组织的多次业务考核中不合格。园长多次劝导无效,在2021年11月将其解聘。王云不服,她认为她与幼儿园签订的五年合同还未到期,法律保障其教育教学的权利,幼儿园不应对她进行如此处理。下列说法正确的是(　　)

A. 幼儿园做法错误,没到合同约定期,不能随意开除

B. 幼儿园做法正确,教师没有履行应尽的义务与职责,幼儿园有权开除教师

C. 幼儿园做法错误,侵犯了教师王云教育教学的权利

D. 幼儿园做法正确,幼儿园有任意开除员工的权利

8. 幼儿园自由活动时,明明将欣欣推倒在地,欣欣的头磕破了。陈老师发现后,马上将欣欣扶去保健室,应该对欣欣的事故承担直接责任的是(　　)

A. 欣欣的监护人　　B. 明明的监护人

C. 园长　　D. 幼儿园

9. 某幼儿园的编内老师董某不仅迟到、早退,还体罚幼儿,园长对其进行批评教育,但她仍以怀孕的理由我行我素,幼儿园上报教育主管部门后将其解聘。该幼儿园的做法(　　)

A. 不正确,怀孕的教师不应该被解聘

B. 不正确,编内的教师不能被解聘

C. 正确,董某虽然怀孕但有主观过错,可以被解聘

D. 正确,幼儿园将其解聘后,董某无法再从事教育行业

第 6 天　试卷二　教育法律法规中关于权利与义务的规定

单项选择题(本大题共 6 小题,每小题 2 分,共 12 分)

1. 幼儿小明活泼好动、调皮捣蛋,在幼儿园进行户外活动时,经常推、打其他幼儿,老师考虑到其他幼儿的安全,每次户外活动时,都把小明留在室内不让他参与活动,根据《中华人民共和国教育法》规定,教师侵犯了小明的(　　)

A. 参与活动并使用教育资源的权利　　B. 财产权

C. 申诉权　　D. 公正评价权

2. 教师王某因醉酒驾车发生交通事故,被判有期徒刑 1 年。下列说法中,正确的是(　　)

A. 王某丧失教师资格,刑满释放后可继续执教

B. 王某丧失教师资格,刑满释放后,可从事其他职业

C. 王某保留教师资格,刑满释放后,需要重新注册认证

D. 王某保留教师资格,刑满释放后,不能留在原学校执教

3. 王老师是一位对学生教育有独到见解的老师,前段时间由于教学理念的分歧与校长产生争执,后来校长一怒之下罚他停课一周进行反思。校长的这种行为侵犯了王老师的(　　)

A. 教育教学权　　B. 专业发展权

C. 参与管理权　　D. 人身自由权

4. 小明是个活泼好动的孩子,某天上课的时候,老师以他过分活跃干扰了课堂秩序为由将他赶出课堂,老师这样的做法(　　)

A. 剥夺了小明的人格权

B. 剥夺了小明在学业成绩和品行上获得公正评价的权利

C. 剥夺了小明参加教育教学计划安排的各种活动的权利

D. 可以督促小明遵守课堂行为规范

5. 某教育辅导机构未经过其学生小丽的许可,私下将小丽的照片印在宣传手册上,并以此来吸引更多的学生报班。该辅导机构侵犯了小丽的(　　)

A. 生命权　　B. 受教育权　　C. 休息权　　D. 肖像权

6. 根据《中华人民共和国未成年人保护法》的规定,任何人不得在学校、幼儿园和其他未成年人集中活动的公共场所吸烟、饮酒。这是为了保护学生的(　　)

A. 身心健康　　B. 人身自由　　C. 人格尊严　　D. 社会权益

第 7 天　试卷二　幼儿教育法律法规与《中国教育现代化 2035》

单项选择题(本大题共 12 小题,每小题 2 分,共 24 分)

1. 根据《幼儿园工作规程》的规定,下列选项表述不正确的是(　　)

A. 幼儿园是对三周岁以上的学龄前幼儿实施保育和教育的机构

B. 入园前必须进行简单测试方可入园

C. 幼儿园以游戏为基本活动,寓教育于活动之中

D. 入园前进行体检,合格者方可入园

2. 幼儿园应建立幼儿健康卡,幼儿身高、视力检查的时间间隔是(　　)

A. 每年一次　　B. 每半年一次

C. 每季度一次　　D. 每两个月一次

3. 联合国通过的《儿童权利公约》的宗旨是(　　)

A. 最大限度地保护儿童权益　　B. 维护儿童的社会地位

C. 促进儿童全面发展　　D. 确保儿童的生存发展

4. 从幼儿园的环境到一日生活的各个环节,安全隐患无处不在,在孩子离园的时候同样不能放松警惕。下列做法错误的是(　　)

A. 必须严格确认接孩子的家长身份

B. 要控制好家长接孩子的时间,让自己有足够的精力去接待每位家长

C. 必须确保所有幼儿和家长都已安全离开后再离开

D. 如果孩子的父母忙,可以将孩子交给别人,无须与孩子父母取得联系

5. 寄宿制幼儿园的户外活动时间不得少于(　　),高寒、高温地区可酌情增减。

A. 1 小时　　B. 2.5 小时　　C. 2 小时　　D. 3 小时

6. 何老师发现班里的幼儿萌萌感冒了。于是,在课间休息期间,喂萌萌服下了儿童感冒药。何老师的做法(　　)

A. 合法,教师可以喂食非处方药

B. 合法,有利于防止疾病传播扩散

C. 不合法,幼儿用药应先征得监护人同意

D. 不合法,应在医师的指导下用药

7. 月月很喜欢喝水,经常去厕所,为了整齐划一,李老师安排学生在规定的时间内统一便溺。李老师的做法(　　)

A. 正确,有利于培养儿童良好的生活习惯

B. 错误,违反了《中华人民共和国未成年人保护法》

C. 错误,违反了《儿童权利公约》

D. 错误,违反了《幼儿园工作规程》

8. 某幼儿园以提高幼儿的特长发展为由开展特长班,并向家长收取费用。该幼儿园的做法(　　)

A. 合理,促进了幼儿的特长发展

B. 合理,有利于促进家园合作

C. 不合理,没有关注到幼儿的全面发展

D. 不合理,幼儿园不能以培养幼儿技能为由向家长另外收取费用

9. 下列选项中关于《中国教育现代化 2035》提出的实施路径,正确的是(　　)

A. 细化目标,全面推进　　B. 分步规划,分区推进

C. 精准施策,统筹推进　　D. 服务先行,系统推进

10. 当教师发现幼儿遭受家暴或疑似暴力的情况时,正确的做法是(　　)

A. 依法向公安机关报案　　B. 与家长进行沟通交流

C. 向园领导汇报　　D. 向幼儿的其他监护人反应

11. 指导家长委员会工作的是(　　)

A. 幼儿教师　　B. 幼儿园园长

C. 家长　　D. 教育督导员

12. 明确规定"儿童有权享有休息和闲暇,从事与儿童年龄相宜的游戏和娱乐活动,以及自由参加文化生活和艺术活动"的是(　　)

A.《中华人民共和国未成年人保护法》　　B.《儿童权利公约》

C.《幼儿园工作规程》　　D.《中华人民共和国教育法》

第 8 天　　试卷三　教师职业道德

一、单项选择题(本大题共 9 小题,每小题 2 分,共 18 分)

1. 下列哪一项违反了教师职业道德规范中“为人师表”的要求(　　)

A. 幼儿园小班张老师上班时间玩手机

B. 某幼儿园教师根据每个幼儿的家庭条件区别对待幼儿

C. 某幼儿教师在工作之余还对幼儿进行有偿家教

D. 某幼儿教师认为自己现有的教学技能和知识水平已足够应对幼儿园教学,故不需要继续探索创新

2. 园长让李老师策划大班毕业典礼活动,李老师积极沟通,多方征求意见,加班加点也毫无怨言,最终拿出了一份令大家都非常满意的活动方案。李老师这一做法体现了其(　　)

A. 团结合作　　B. 爱岗敬业

C. 为人师表　　D. 爱国守法

3. 有位幼儿将几片纸屑随意地扔在走廊上,王老师路过时顺手捡起并丢进垃圾桶,该幼儿满脸羞愧。王老师的行为体现的职业道德是(　　)

A. 廉洁奉公　　B. 为人师表

C. 爱岗敬业　　D. 热爱学生

4. 刘老师家庭负担重,老人要看病,孩子要读书,于是他便用假名在培训机构上课,挣钱补贴生活。这种行为(　　)

A. 不可以,可能影响正常的教育教学活动

B. 可以,刘老师可以在业余时间做任何事

C. 可以,培训机构聘任刘老师做老师,不是利用职务之便谋取私利

D. 不可以,刘老师的这种行为违反了教师职业道德

5. 孙老师常在表扬或批评学生时说:“你做得不错! 要是像×××同学一样,可就惨啦!”“千万不要像×××同学一样!”“你就不能像×××同学一样表现好点吗?”孙老师的做法(　　)

A. 正确,能够培养学生谦逊品质　　B. 正确,能够促进学生认识自己

C. 不正确,会伤害被比较的学生　　D. 不正确,应只与优秀学生比较

6. 学校安排优秀教师刘老师和新入职的邓老师“师徒结对”。刘老师悉心指导,邓老师也总是主动向刘老师请教,经常观摩刘老师上课,并在教学设计、教学方法甚至教学语言上都尽量模仿刘老师,但教学效果并不佳,其原因是(　　)

A. 邓老师缺乏自我反思　　B. 邓老师没有得到专业引领

C. 刘老师指导有所保留　　D. 刘老师的教学示范性不强

7. 教师要处理好与学生家长的关系,以下方式不正确的是(　　)

A. 主动加强联系,谋求共同立场　　B. 尊重并且迁就,待人公正平等

C. 征求意见建议,谋求支持配合　　D. 教育学生尊重家长,提高父母威信

8. 殷老师特别喜欢学习,不仅上班的时候积极听老教师的课,而且在业余时间自修研究生课程,还潜心研究教学方法。她虽然年轻,但是已经连续三年当选教学能手了。这体现了殷老师(　　)

A. 关爱学生　　B. 专注自身学习,将来能考研究生

C. 有终身学习的理念　　D. 志存高远,乐于奉献

9. 贾老师在逛商场时偶遇班上一位幼儿及其家长,便一同挑选衣服,付款时,这位家长坚持把贾老师的500元钱一起付了。对此,贾老师的正确做法是(　　)

A. 勉强接受并回送价值相当的礼物　　B. 数额不大,不必在意,但下不为例

C. 表示感谢并注意格外关照她的孩子　　D. 表示感谢并坚持把钱还给家长

二、材料分析题(本大题1小题,共14分)

材料:

学校组织秋游,关老师带领学生到动物园参观。大家参观猴山时发现老猴子抢小猴子的东西吃,于是纷纷议论:"它怎么不爱护小猴子呢?""老猴子怎么抢小猴子的东西吃呢?""猴子又不是人。""人有时候也会抢东西吃。"……听着同学们的议论,关老师若有所思。

返校后,关老师组织全班同学进行讨论,同学们踊跃发言:"老猴子抢小猴子的东西吃就是不对。""《动物世界》里面说,这是动物的生存竞争,属于动物的本能,无所谓好坏。""动物间可以这样,我们人可不能这样。""对! 动物之间可以抢东西吃,但人不能,因为人类社会是讲文明的。"

关老师赞同道:"我们要尊老爱幼。"小松站起来追问道:"有的人捕杀猴子,卖到酒店去,他们这样做,对吗?"关老师回答:"他们这样做是不对的,爱护动物是我们每一个人的责任,我们不能仅停留在保护动物的口号上,而应思考如何与动物和谐相处,做一个负责任、有爱心的人。"

问题:请结合材料,从教师职业道德的角度,评析关老师的教育行为。

第 9 天　　试卷三　教师的历史文化素养

单项选择题(本大题共 13 小题,每小题 2 分,共 26 分)

1.《史记 · 五帝本纪》记载:蚩尤作乱,不用帝命,于是帝乃征师诸侯,与蚩尤战于涿鹿之野,遂禽(擒)杀蚩尤。引文中的“帝”指的是(　　)

A. 黄帝　　B. 炎帝　　C. 帝喾　　D. 帝舜

2.(　　)是在中国古代继分封制度之后出现的两级地方行政制度,实行中央垂直管理下官员由中央直接任免的流官任期制,标志着官僚政治取代血缘政治,是公天下的开始。

A. 郡县制　　B. 分封制　　C. 藩国制　　D. 封国制

3. 1858 年,林肯在一场演说中说道:“一幢裂开的房子是站不住的,我相信这个政府不能永远维持半奴隶和半自由的状态。”这句话中,林肯所说的“一幢裂开的房子”最终导致了(　　)

A. 南北战争的爆发　　B. 林肯当选美国总统

C. 独立战争的胜利　　D.《解放黑人奴隶宣言》的颁布

4.“封侯非我意,但愿海波平。”“开辟荆榛逐荷夷,十年始克复先基。”这两句诗所涉及的民族英雄分别是(　　)

A. 左宗棠、郑成功　　B. 邓世昌、林则徐

C. 戚继光、邓世昌　　D. 戚继光、郑成功

5. 古代某水利工程“旱时引水浸润,雨则杜塞水门。故记曰‘水旱从人,不知饥馑’”。后来三国时蜀相诸葛亮“征丁十二百人护之”。据此判断,这项水利工程是(　　)

A. 都江堰　　B. 郑国渠　　C. 灵渠　　D. 芍陂

6. 凡尔赛—华盛顿体系破产的根本原因是(　　)

A. 1929 ~ 1933 年资本主义世界经济危机

B. 帝国主义经济政治发展不平衡性加剧

C. 体系建立时就埋下了新的矛盾隐患

D. 经济危机引起政治危机,欧亚两个战争策源地形成

7. 关于夏朝历史说法正确的是(　　)

A. 中国历史第一个朝代　　B. 建立者是汤

C. 禅让制代替世袭制　　D. 最后一个君王是纣王

8. 当飞机已成为人们不可或缺的快捷交通工具时,当越来越多的人享受着在空中翱翔的快

乐时,我们不应该忘记飞机的发明者(　　)

A. 法拉第　　B. 卡尔·本茨

C. 西门子　　D. 莱特兄弟

9. 1839 年 6 月,清朝政府委任钦差大臣(　　)在广东虎门海滩集中销毁收缴鸦片,此事后来成为英国发动第一次鸦片战争的借口。

A. 戚继光　　B. 林则徐

C. 左宗棠　　D. 李鸿章

10. 为三国鼎立局面的形成奠定基础的关键性战役是(　　)

A. 巨鹿之战　　B. 官渡之战

C. 赤壁之战　　D. 昆阳之战

11. 拿破仑认为,他一生战争胜利的光荣,被滑铁卢一战抹去了,但有一件功绩是永垂不朽的。这里的“功绩”指的是(　　)

A. 抵御外国的侵略　　B. 颁行《拿破仑法典》

C. 建立法兰西帝国　　D. 征服众多欧洲国家

12. 2022 年是香港回归祖国 25 周年,香港的回归不仅洗雪了中国百年国耻,更促进了香港的持续稳定、繁荣。香港问题的形成开始于(　　)

A.《南京条约》　　B.《瑷珲条约》

C.《北京条约》　　D.《辛丑条约》

13. 凯旋门是欧洲人纪念战争胜利的建筑。巴黎凯旋门上的《马赛曲》浮雕所反映的历史事件是(　　)

A. 普法战争　　B. 法国大革命

C. 拿破仑战争　　D. 1848 年欧洲革命

第 10 天　　试卷三　教师的科学文化素养

单项选择题(本大题共 14 小题,每小题 2 分,共 28 分)

1. 樟脑丸是常见的生活用品,放在衣橱中的樟脑丸时间长了体积会缩小,这是物理中的什么现象(　　)

A. 液化　　B. 升华　　C. 凝华　　D. 蒸发

2. 我国东南西北四个方向与邻国都有分界线,最西部的分界线是(　　)

A. 西藏喜马拉雅山脉　　B. 新疆天山山脉

C. 新疆祁连山脉　　D. 新疆帕米尔高原

3. 中国古代十分重视数学研究和应用,并取得了很高的成就。有一部著作记载了十进位值制计数法,汇集了许多算数命题,它的问世标志着中国古代以计算为中心的数学形成了完整的体系。这一数学著作应该是(　　)

A.《周髀算经》　　B.《九章算术》

C.《缀术》　　D.《齐民要术》

4. 有西方学者评论说:"这是一个具有高度标志性的事件,它表明中国的航天技术在 21 世纪已经走到了欧洲和日本的前面。"他所评论的事件是(　　)

A. 中国第一枚中近程运载火箭发射成功

B."东方红一号"卫星发射成功

C. 中国第一颗返回式遥感卫星发射成功

D."神舟"五号载人航天飞船发射成功

5. 我国现存最早的一部完整的农学著作是北魏贾思勰所著的(　　)

A.《天工开物》　　B.《梦溪笔谈》

C.《农政全书》　　D.《齐民要术》

6. 化学与生活密切相关,在日常生活中,下列解决问题的方法不可行的是(　　)

A. 为加快漂白精的漂白速率,使用时可添加几滴醋酸

B. 为加强去污效果,用热的纯碱溶液洗涤餐具

C. 为防止海鲜腐烂,可将海鲜产品浸泡在硫酸铜溶液

D. 口服硫酸亚铁药片的同时服用维生素 C 可增强治疗缺铁性贫血的效果

7. 第一架天文望远镜是由(　　)发明的,这位科学家用望远镜发现了木星的卫星。

A. 开普勒　　B. 哥白尼

C. 伽利略　　D. 达·芬奇

8. 下列说法正确的是(　　)

A. 声音能在气体中传播,不能在固体中传播

B. 钓鱼时大声说话,水中的鱼不会被吓跑,因为液体不会传播声音

C. 老师讲课时声音是通过空气传播到我们耳朵中的

D. 用手敲桌面,可以听到声音,但没看到桌面在振动,说明发声时不一定要振动

9. 中国首次载人航天获得圆满成功的飞船是(　　)

A. “风云一号”　　B. “嫦娥一号”

C. “神舟四号”　　D. “神舟五号”

10. 美国最早实现了载人登月,其载人登月计划的名称是(　　)

A. 空间站计划　　B. 曼哈顿计划

C. 阿波罗计划　　D. 星球大战计划

11. 某战士在抗洪救灾时受伤,失血过多需要输血,如果该战士是 O 型血,则应给他输入(　　)

A. A 型血　　B. B 型血　　C. AB 型血　　D. O 型血

12. 世界卫生组织规定,每年的 5 月 31 日为“世界无烟日”。这一天世界各地既不吸烟也不售烟,并广泛宣传戒烟的意义。烟草燃烧所产生的烟雾是由 7000 多种化合物所组成的复杂混合物,如一氧化碳、氢化氰、挥发性亚硝胺、烟焦油、尼古丁等。这些化合物绝大多数对人体有害,其中至少有 69 种为已知的致癌物,而引起吸烟成瘾的主要物质是(　　)

A. 氢化氰　　B. 烟焦油　　C. 尼古丁　　D. 一氧化碳

13. 2020 年 6 月 23 日,我国北斗三号第五十五颗导航卫星,也是北斗系统最后一颗全球组网卫星发射成功,至此北斗三号全球卫星导航系统星座部署全面完成。此次发射任务是在(　　)卫星发射中心完成的。

A. 酒泉　　B. 西昌　　C. 太原　　D. 文昌

14. 康德是德国著名哲学家,同时也是一位有重大贡献的自然科学家。他积极探索天体的起源及其运动变化规律,提出了关于太阳系自然形成的理论,这一理论是(　　)

A. “星云”假说　　B. “大爆炸”学说

C. “银河星系”假说　　D. “银河系中心”学说

第 11 天　　试卷四　教师的传统文化素养

单项选择题(本大题共 14 小题,每小题 2 分,共 28 分)

1. 二十四节气是中国古代订立的一种用于指导农事的补充历法,是中国古代汉族劳动人民长期经验的积累和智慧的结晶。其中,太阳几乎直射北回归线的这一天被称为(　　)

A. 立春　　B. 春分　　C. 立夏　　D. 夏至

2. 2020 年 12 月 17 日,我国单独申报的(　　)被联合国教科文组织列入"人类非物质文化遗产代表作名录"。

A. 针灸　　B. 太极拳　　C. 梵净山　　D. 藏医药浴法

3. 有的成语与历史人物密切相关。下列选项中,与"狡兔三窟"相关的历史人物是(　　)

A. 管仲与齐桓公　　B. 毛遂与平原君

C. 冯谖与孟尝君　　D. 曹刿与鲁庄公

4.《十面埋伏》是一首汉族琵琶大曲,同时也是传统琵琶武曲的代表作品,其演奏为独奏,乐曲激烈,震撼人心。下列成语典故中,与该曲表现的历史场景无关的是(　　)

A. 四面楚歌　　B. 破釜沉舟

C. 霸王别姬　　D. 无颜见江东父老

5. 下列关于我国传统节日的描述,与古代的说法或传说不相符的是(　　)

A. 元宵节挂灯最早跟佛教仪式有关

B. 寒食节最早是为了纪念一位皇帝

C. "月饼"一词最早收录于南宋吴自牧的《梦粱录》中

D. 古代的春节叫元旦,意为一年的第一天

6. 光武中兴、开元盛世和《明太祖实录》中的光武、开元、太祖是指(　　)

A. 尊号　谥号　庙号　　B. 谥号　庙号　年号

C. 庙号　尊号　年号　　D. 谥号　年号　庙号

7. 下列依次与蒙古族、回族、藏族、维吾尔族、壮族有关的是(　　)

A. 马头琴、冬不拉、铜钦、葫芦丝、芦笙

B.《嘎达梅林》《穆斯林的葬礼》《格萨尔王传》《阿凡提的故事》《刘三姐》

C. 那达慕大会、开斋节、雪顿节、古尔邦节、泼水节

D. 酥油茶、馓子、青稞酒、馕、萨其马

8. "度量衡"是中国历史上对"计量"的称谓,其中"衡"计量的是(　　)

A. 容量　　B. 长度　　C. 面积　　D. 重量

9. 我国各地昼夜平分的节气是(　　)

A. 立春　　B. 谷雨

C. 芒种　　D. 秋分

10. 中国古代年龄称谓中的“束发”和“及笄”分别指(　　)

A. 男子十四岁和女子十五岁

B. 男子十五岁和女子十五岁

C. 男子十五岁和女子十四岁

D. 男子十四岁和女子十四岁

11. “海内存知己,天涯若比邻”出自唐代诗人王勃的《送杜少府之任蜀州》,这首诗的题材是(　　)

A. 田园诗　　B. 山水诗

C. 送别诗　　D. 怀古诗

12. 中国古代传说中的四大神兽分别是青龙、白虎、朱雀、玄武。其中,位于北方的神兽是(　　)

A. 青龙　　B. 白虎

C. 朱雀　　D. 玄武

13. 清朝的地方行政制度实行督抚制。总督可以管数省,侧重军事,巡抚只管一省,侧重民政。总督权力比巡抚大得多,但与巡抚之间没有直接的隶属关系,二者都直接听命于皇帝。清朝两江总督署驻地位于今天的(　　)

A. 九江　　B. 南京

C. 镇江　　D. 扬州

14. 下列有关文化常识的表述,不正确的是(　　)

A. 旧时文人的四大雅趣是琴、棋、书、画,今常用以表示个人的文化素养

B. 按东、西、南、北、中的顺序,“五岳”分别指:泰山、华山、衡山、恒山、嵩山

C. “山重水复疑无路,柳暗花明又一村”是唐代诗人白居易的诗句,他又号香山居士,代表作有《长恨歌》《琵琶行》等

D. “岁寒三友”指的是松、竹、梅,“花中四君子”指的是梅、兰、竹、菊

第 12 天　　试卷四　教师的文学素养

单项选择题(本大题共 14 小题,每小题 2 分,共 28 分)

1. 关于中外文学常识的表述,下列说法正确的是(　　)

A.《阿 Q 正传》是我国现代文学史上第一篇白话文小说

B.《资治通鉴》是我国第一部纪传体通史

C.《十日谈》是欧洲文学史上第一部现实主义巨著

D.《致大海》是意大利作家普希金的作品

2. 小君班上将举行关于我国历史上唯一一位女皇帝的故事会,他准备到图书馆去查找有关资料。你向他推荐以下哪部著作作为参考(　　)

A.《资治通鉴》　　B.《红楼梦》

C.《史记》　　D.《道德经》

3.《山海经》是一部充满着神奇色彩的著作,它保存了大量神话传说。下列(　　)出自《山海经》。

A. 女娲补天　　B. 哪吒闹海

C. 牛郎织女　　D. 愚公移山

4.《龟兔赛跑》《狼和小羊》《农夫和蛇》等故事出自(　　)

A.《神谱》　　B.《埃涅阿斯纪》

C.《理想国》　　D.《伊索寓言》

5. 我国第一部现代白话小说是(　　)

A.《孔乙己》　　B.《春风沉醉的晚上》

C.《沉沦》　　D.《狂人日记》

6. 下列关于文学常识的说法中,不正确的是(　　)

A. 歌德是德国文学最高成就的代表者,代表作品有《少年维特之烦恼》《浮士德》

B. 席勒是德国诗人、剧作家,代表作品有《阴谋与爱情》《德国,一个冬天的童话》

C. 易卜生是挪威戏剧家,欧洲近代戏剧的创始人,代表作品有《玩偶之家》《人民公敌》

D. 泰戈尔是亚洲第一位诺贝尔文学奖获得者,代表作品有《飞鸟集》《新月集》

7. 下列作者和作品对应错误的是(　　)

A. 科洛迪《木偶奇遇记》

B. 路易斯·卡罗尔《爱丽丝梦游仙境》

C. 任溶溶《神笔马良》

D. 林格伦《长袜子皮皮》

8. 下列作家中，以短篇小说创作而著称于世的是(　　)

A. 莫泊桑　　B. 巴尔扎克

C. 托尔斯泰　　D. 普希金

9. 下列说法有误的一项是(　　)

A. “诸子百家”是指我国先秦到汉初各学派的代表人物及其著作

B. 唐宋八大家是指韩愈、柳宗元、苏轼、苏洵、苏辙、欧阳修、王安石、曾巩

C. “乐府”是指汉魏六朝文学史上出现的一种能够配乐歌唱的旧诗体，如《木兰诗》

D. 有些古文，其标题就表明了文章的体裁，如《陋室铭》《醉翁亭记》《出师表》《捕蛇者说》等题目中的“铭”“记”“表”“说”，都表明了该文的文体

10. 亚洲第一个获得诺贝尔文学奖的作家是(　　)

A. 泰戈尔　　B. 川端康成

C. 莫言　　D. 索因卡

11. 文艺复兴时期，但丁的代表作品是(　　)

A.《茶花女》　　B.《堂·吉诃德》

C.《神曲》　　D.《乌托邦》

12. 李白的诗歌具有豪放飘逸的风格、瑰丽壮美的意象、大胆恣意的夸张和清新明快的语言。下列诗句为李白所写的是(　　)

A. 无边落木萧萧下，不尽长江滚滚来

B. 孤帆远影碧空尽，唯见长江天际流

C. 晴川历历汉阳树，芳草萋萋鹦鹉洲

D. 衰兰送客咸阳道，天若有情天亦老

13. 关于我国古籍中的“第一部”，下列对应不正确的一项是(　　)

A. 第一部诗歌总集——《诗经》

B. 第一部语录体著作——《论语》

C. 第一部编年体史书——《汉书》

D. 第一部纪传体史书——《史记》

14. 下列不属于“初唐四杰”的是(　　)

A. 王勃　　B. 杨炯　　C. 骆宾王　　D. 韩愈

第 13 天　　试卷四　教师的艺术素养

单项选择题(本大题共 16 小题,每小题 2 分,共 32 分)

1. 国画是我国传统的美术形式,我国存世最早最完整的国画作品是(　　)

A. 顾恺之的《女史箴图》　　B. 张僧繇的《梁武帝像》

C. 周昉的《簪花仕女图》　　D. 吴道子的《送子天王图》

2. 中国建筑具有悠久的历史传统和光辉的成就。下列关于中国古代建筑的表述中,不正确的是(　　)

A. 中国古代建筑的屋顶有等级之分,其中,歇山顶为普通平民常用的屋顶

B. 河南洛阳白马寺是佛教传入中国后兴建的第一座寺院

C. 江南三大名楼中始建年代最晚的是滕王阁

D. 山西五台山的佛光寺大殿是唐朝建筑

3. 米开朗基罗是意大利文艺复兴时期伟大的绘画家、雕塑家、建筑师和诗人,文艺复兴时期雕塑艺术最高峰的代表。下列作品中,属于他的代表作的是(　　)

A.《夜巡》　　B.《创世纪》　　C.《最后的晚餐》　　D.《春》

4. 关于国画,以下说法不正确的是(　　)

A. 中国画自古分为人物、山水、花鸟三大科

B. 长沙楚墓出土的《人物龙凤图》是现存最古老的帛画

C. 元四家是指黄公望、王蒙、倪瓒和文徵明

D. 郑板桥的代表作有《甘谷菊泉图》《墨兰图》

5. 1935 年,世界第一部彩色电影拍摄成功。这部电影是(　　)

A.《摩登时代》　　B.《浮华世界》

C.《战争与和平》　　D.《大独裁者》

6. 东吴时期的吴中“八绝”在书、画、算、相、棋、占梦、星象、风气等领域都有卓越的发展,其中善画的是(　　)

A. 曹不兴　　B. 曹仲达　　C. 卫协　　D. 钟繇

7. 某外国朋友想通过欣赏文学艺术作品的方式来了解我国北宋时期城市生活的面貌,下列适合推荐给该外国友人的是(　　)

A.《女史箴图》　　B.《清明上河图》

C.《兰亭序》　　D. 龙门石窟碑刻

8. 春秋战国时期,古琴音乐已具有一定的艺术表现能力,“伯牙鼓琴,子期知音”的故事早已

深入人心，伯牙所奏琴曲为(　　)

A.《广陵散》　　B.《高山流水》

C.《阳关三叠》　　D.《扬州慢》

9. 下列关于文化艺术的表述不正确的是(　　)

A. 芭蕾舞起源于意大利，兴盛于法国

B. 印象派绘画的代表人物有莫奈、马奈、雷阿诺等

C. 北宋时期的文人画多以山水、花鸟为主要内容

D. 中国传统的弹拨乐器有古筝、扬琴、琵琶、马头琴等

10. 在戏剧舞台上，许多传统经典剧目的演出经久不衰。下列经典剧目与剧种匹配不正确的是(　　)

A.《四郎探母》——京剧　　B.《天仙配》——黄梅戏

C.《花木兰》——豫剧　　D.《梁山伯与祝英台》——吕剧

11. 秦始皇陵兵马俑所属的艺术类型是(　　)

A. 泥塑　　B. 石刻　　C. 陶俑　　D. 木雕

12. 在几千年人类文明发展过程中，亚非美欧都留下了许多宝贵的文学艺术和建筑遗产，属同一大洲的是(　　)

A.《最后的晚餐》、雕塑“思想者”、雕塑“大卫”

B. 胡夫金字塔、狮身人面像、帕特农神庙

C.《百年孤独》《老人与海》《海底两万里》

D.《飞鸟集》《高老头》《源氏物语》

13. 元曲四大家之一的关汉卿，被称为“曲圣”，其代表作是(　　)

A.《墙头马上》　　B.《倩女离魂》

C.《汉宫秋》　　D.《窦娥冤》

14.《九成宫醴泉铭》被誉为“天下第一铭”，由唐代名臣魏徵撰文，书法家(　　)书写，世称“天下第一楷书”。

A. 苏轼　　B. 黄庭坚　　C. 欧阳询　　D. 柳公权

15. 清代诗人王士祯的诗句“山郡逢春复乍晴，陂塘分出几泉清？郭边万户皆临水，雪后千峰半入城”描绘了春雪过后赏心悦目的城市景色。诗中描绘的城市是(　　)

A. 北京　　B. 承德　　C. 天津　　D. 济南

16. 京剧是中国五大戏曲剧种之一，被视为中国国粹之一。在京剧的行当中，天真活泼的年轻女性被称为(　　)

A. 正旦　　B. 花旦　　C. 彩旦　　D. 刀马旦

第 14 天　　试卷五　教师的信息处理能力

单项选择题(本大题共 6 小题,每小题 2 分,共 12 分)

1. Word 文档“打印”时,“页码范围”设置为“8 - 15,25,60”,表示打印(　　)

A. 第 8 页至第 15 页

B. 第 8 页,第 15 页,第 25 页和第 60 页

C. 第 8 页至第 15 页,第 25 页和第 60 页

D. 以上都不是

2. Excel 中,用条件“数学 >70 与总分 >350”对成绩数据表进行筛选,结果是(　　)

A. 所有数学 >70 的记录

B. 所有数学 >70,并且总分 >350 的记录

C. 所有总分 >350 的记录

D. 所有数学 >70,或者总分 >350 的记录

3. 在使用 Word 文档编辑时,当光标在第一段最末位置,按 Delete 键,其结果是(　　)

A. 把第二段的第一个字符删除掉

B. 仅删除第一段最末行的最后一个字符

C. 把第一段落和第二段落合并成了一个段落

D. 把第一段落全部删除

4. 在 PowerPoint 空白的幻灯片中,不可以直接插入的是(　　)

A. 艺术字　　B. 声音　　C. 字符　　D. 文本框

5. 在 Excel 中,计算单元格 A2,B1,B2 的和并填在 C2 单元格中,则在 C2 中输入(　　)

A. = sum(A1:B2)　　B. = sum(A2,A2:B2)

C. = sum(A1,A1:B2)　　D. = sum(B1,A2:B2)

6. 对于演示文稿中不准备放映的幻灯片可以用(　　)选项卡中的“隐藏幻灯片”命令隐藏。

A. 幻灯片放映　　B. 视图

C. 工具　　D. 编辑

第 15 天　　试卷五　教师的逻辑思维能力

单项选择题(本大题共 11 小题,每小题 2 分,共 22 分)

1. 下列选项中,与“音符—乐谱—五线谱”逻辑相同的是(　　)

A. 笔画—汉字—金文　　B. 树木—森林—自然

C. 稻穗—稻谷—稻米　　D. 卫星—星云—宇宙

2. 下列选项中,与“自然科学:化学:化学元素”在逻辑关系上最为贴近、相似或匹配的是(　　)

A. 人文科学:历史学:历史人物

B. 物理学:生物物理学:光合作用

C. 语言学:汉语言:文学

D. 社会学:社会科学:社区

3. 下列选项中,与“车票—票据”逻辑关系相同的是(　　)

A. 飞机票—船票　　B. 戏票—入场券

C. 购水票—门票　　D. 餐券—优惠券

4. 下列选项中,与“蝴蝶:蟋蟀”逻辑关系相同的是(　　)

A. 桑葚:鲜花　　B. 海棠:海参

C. 鹦鹉:海鸥　　D. 恒星:太阳

5. 小杨获得了“三好学生”的荣誉称号,那么他该学期的成绩加权分数一定超过了 80 分。如果该命题为真,他是以(　　)为前提做出的判断。

A. 只有小杨获得了“三好学生”的荣誉称号

B. 只有成绩加权分数超过了 80 分,才能获得“三好学生”的荣誉称号

C. 成绩加权分数超过 80 分的学生中,有人获得了“三好学生”的荣誉称号

D. 所有成绩加权分数超过 80 分的学生,都获得了“三好学生”的荣誉称号

6. 有人对“不到长城非好汉”这句名言的理解是:“如果不到长城,就不是好汉。”假定这种理解为真,则下列哪项判断必然为真(　　)

A. 到了长城的人就一定是好汉

B. 如果是好汉,他一定到过长城

C. 只有好汉,才到过长城

D. 不到长城,也会是好汉

7. 春节期间朋友用手机互发电子红包成为时尚。已知,小明给他手机通讯录上年龄比自己

小的每一位好友都发了电子红包;小张收到了比小明年龄还大的好友发来的红包;小红是小明和小张的共同好友,但没有收到任何电子红包。

根据以上信息,可以得出以下哪项?(　　)

A. 如果小张在小明的通讯录中,则小张比小红年龄大

B. 如果小红在小明的通讯录中,则小红不比小明年龄小

C. 小红不在小张的手机通讯录好友中

D. 小张是小红和小明的共同好友

8. 找规律填数字是一项很有趣的活动,特别锻炼观察力和思考力。下列选项中填入数列“7,9,-1,5,________”空缺处的数字,正确的是(　　)

A. 4　　B. 2　　C. -1　　D. -3

9. 找规律填数字是一项很有趣的活动,特别锻炼观察和思考能力。下列选项中填入数列“2、3、6、36、________”空缺处的数字,正确的是(　　)

A. 48　　B. 54　　C. 72　　D. 1296

10. 按照给出图形的逻辑特点,下列选项中填入?处最恰当的是(　　)

?

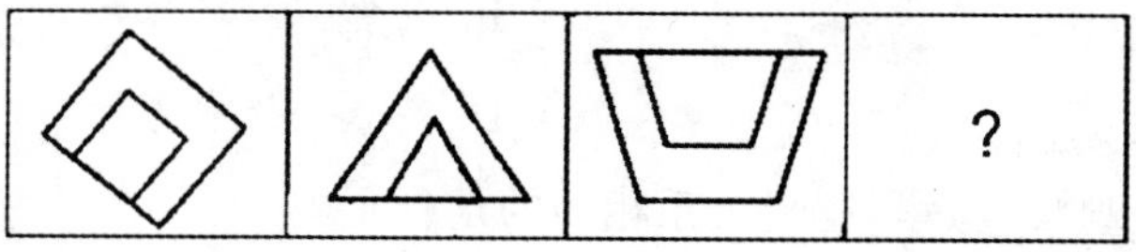

A. 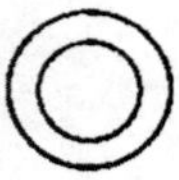　　B. 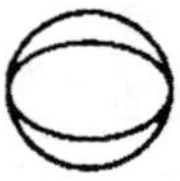　　C. 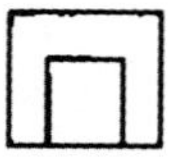　　D.

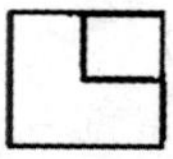

11. 按照给出图形的逻辑特点,下列选项中填入?处最恰当的是(　　)

?

A. 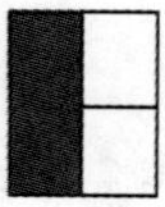　　B. 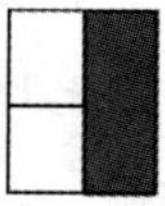　　C. 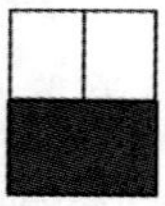　　D.

第 16 天　试卷五　教师的阅读理解能力及写作能力

一、材料分析题(本大题 1 小题,共 14 分)

材料:

人们常常把人与自然对立起来,宣称要征服自然。殊不知在大自然面前,人类永远只是一个天真幼稚的孩童,只是大自然机体上普通的一部分,正像一株小草只是她的普通一部分一样。如果说自然的智慧是大海,那么,人类的智慧就只是大海中的一个小水滴,虽然这个水滴也映照着大海,但毕竟不是大海。可是,人们竟然不自量力地宣称要用这滴水来代替大海。

看着人类这种狂妄的表现,大自然一定会窃笑——就像母亲面对无知的孩子那样的笑。人类的作品飞上了太空,打开了一个个微观世界,于是人类就沾沾自喜,以为揭开了大自然的秘密。可是,在自然看来,人类上下翻飞的这片巨大空间,不过是咫尺之间而已,就如同鲲鹏看待斥鴳一般,只是蓬蒿之间罢了。即使从人类自身智慧发展史的角度看,人类也没有理由过分自傲:人类的知识与其祖先相比诚然有了极大的进步,似乎有嘲笑古人的资本;可是殊不知对于后人而言我们也是古人,一万年以后的人们也同样会嘲笑今天的我们,也许在他们看来,我们的科学观念还幼稚的很,我们的航天器在他们眼中不过是个非常简单的儿童玩具。人类的认识史仿佛是纠错的历史,一代一代地纠正着前人的错误,于是当我们打开科学史的时候,就会发现科学史也是犯错误的历史。那么,我们有什么理由和资格嘲笑古人,在大自然面前卖弄小聪明呢?

在宇宙中,一定存在着远比我们的智慧要高得多的生物。因为,我们的太阳系只有四十多亿年的历史,就演化出了有智慧的生物;而宇宙至少已有二百亿年的历史了。可以推想,在那些比我们更古老的星系里,一定早就演化出了更高级的生物。这些生物的智慧是我们所无法比拟的。他们看我们,也许就像我们看蚂蚁一般,即使我们中的那些伟大人物,在他们看来也不过尔尔。

这样看来,我就只是宇宙机体上的一个部分,一个器官,就如同大脑是我们身体的一个器官一样,人与宇宙本来就是一体的。宇宙是一个大生命,而我只是这个大生命的一个组成部分。那么,让我们爱护自然就像爱护我们的身体一样吧。

即使那些看起来死气沉沉的物质,也是宇宙生命的构成部分,也是生命的一种存在形式。那些高级的生命形态正是从这"死"的物质中产生的,换言之,包括我们人类在内的高级生命,只是物质的另一种存在方式。在物质中,有无数的生命在沉睡着,一旦出场的时间到了，它们就会从睡梦中醒来。

因此，人类并不孤独，在宇宙中处处是我们的弟兄。

（摘编自《大自然的智慧》，有删改）

问题：

（1）“看着人类这种狂妄的表现，大自然一定会窃笑——就像母亲面对无知的孩子那样的笑”中“这种狂妄的表现”指的是什么？“窃笑”的依据是什么？

（2）“人类并不孤独，在宇宙中处处是我们的弟兄。”其中，“我们的弟兄”指什么？为什么称之为“弟兄”？

二、写作题（本大题1小题，共50分）

阅读下面的材料，按要求作文。

走进书店，最畅销的全是一些“有用”的书，考试类啊，健康类啊，营销类啊……读它可以直接帮你升学、谋生、获利。其实读一些“无用”的书，做一些“无用”的事，花一些“无用”的时间，都是为了在已知之外，保留一个超越自己的机会。人生中一些很了不起的变化，就来自这样的机会。不仅读书是这样，世上很多事情又何尝不是如此？

综合上述材料所引发的联想和感悟，写一篇论说文。

要求：用规范的现代汉语写作，角度自选，立意自定，标题自拟，不少于800字。

第二阶段　题型分类试卷

（本阶段共3天）

拼搏其实从来就只有靠自己，越是寄托，越是无助，只有学会独自成长，才能面对朗朗乾坤！

第 17 天　　试卷六　单项选择题

单项选择题(本大题共 43 小题,每小题 2 分,共 86 分)

1. 某幼儿园大班把小学一年级语文、数学知识作为主要教学内容。这种做法有违(　　)

A. 儿童身心发展的稳定性　　B. 儿童身心发展的个别差异性

C. 儿童身心发展的互补性　　D. 儿童身心发展的顺序性

2. 某幼儿园与中央音乐学院合作办学,旨在培养幼儿的音乐素养,实现音乐教育对创新人才的培养。结合素质教育的相关知识,下列说法不正确的是(　　)

A. 能够促进幼儿的终身可持续发展

B. 通过音乐教育开发学生创造性,培养幼儿综合素质

C. 能够促进幼儿的全面发展

D. 能够培养大批音乐人才

3. 小浩总是在课堂上发出怪声,扮鬼脸,老师多次提醒后不但不感到羞愧,反而自鸣得意。此时教师最为适宜的处理方式是(　　)

A. 不予理睬,继续上课　　B. 当众批评

C. 反复提醒　　D. 眼神示意

4. 在教学活动中,经常出现儿童随声附和老师提出的“是不是”“好不好”“对不对”,回答“是”“好”“对”,这种现象说明老师没有做好(　　)

A. 幼儿的引导者　　B. 课程的建设者

C. 教学的研究者　　D. 幼儿的合作者

5. 虽然某校地处山区,教学资源匮乏,但是为丰富课余生活,张老师带领学生开展了具有当地特色的运动会、美术展等活动。张老师的做法体现了素质教育的(　　)要求。

A. 促进学生全面发展　　B. 面向全体

C. 促进学生个性健康发展　　D. 培养创新精神

6. 圆圆经常把鞋子穿反,郑老师很不耐烦,把他叫到前面,当作负面教材严厉批评,教育其他幼儿要分清左右。郑老师的做法(　　)

A. 伤害了幼儿的自尊心　　B. 抓住了教育时机

C. 在一日生活中渗透教育　　D. 是教育机智的表现

7. 王老师得知红红偷拿了同伴的玩具,没有当着全体幼儿的面批评红红,而是把红红叫到办公室耐心引导。王老师的做法(　　)

A. 正确,幼儿需要掌握知识　　B. 不正确,幼儿是有个性的人

C. 正确,幼儿需要尊重　　D. 不正确,幼儿是有发展潜能的人

8. 李老师向学生推荐课外辅导资料,并强制要求学生购买,这侵犯了学生的(　　)

A. 受教育权　B. 健康权　C. 财产权　D. 教育选择权

9. 紧急情况下,幼儿园教职工应优先保护(　　)

A. 幼儿园的财产安全　B. 幼儿的人身安全

C. 自己的人身安全　D. 其他教职工的人身安全

10. 设立学校及其他教育机构,不需要具备的条件是(　　)

A. 有组织机构和章程　B. 有合格的教师

C. 有必备的办学资金和稳定的经费来源　D. 有一定数量的学生

11. 教师方某常给幼儿起侮辱性绰号,造成恶劣影响,对于方某的这种行为,所在学校或教育行政部门应当给予(　　)

A. 行政处分或解聘　B. 行政警告或拘留

C. 行政处分或拘留　D. 行政处罚或解聘

12.《儿童权利公约》规定,应确保儿童能够从多种的国家和国际来源获得信息和资料,要求缔约国采取的措施不包括(　　)

A. 鼓励儿童读物的著作和普及

B. 保护儿童免受不良信息影响

C. 散播在社会和文化方面有益于儿童的信息和资料

D. 鼓励开发有益于儿童的玩具和游戏

13. 明明的父母协议离婚,但关于明明的抚养权一直争执不下。依据《中华人民共和国未成年人保护法》,离婚双方因抚养未成年子女问题发生争执,达不成协议时,应当按照(　　)的原则依法处理。

A. 有利于女方　B. 最有利于未成年子女

C. 听取有表达意愿能力未成年人的意见　D. 有利于男方

14. 任何组织或者个人不得招用未满(　　)的未成年人。

A. 十五周岁　B. 十六周岁　C. 十七周岁　D. 十八周岁

15. 小吴在参加幼儿园开展的义务植树活动中不慎摔倒,导致脚踝受伤,小吴治疗脚伤产生的费用应当由(　　)来承担。

A. 小吴　B. 小吴的幼儿园　C. 小吴的家长　D. 小吴的班主任

16. 苏霍姆林斯基说:“只有集体和教师首先看到学生的优点,学生才能产生上进心。”这句话提示教师(　　)

A. 尊重和欣赏学生　B. 对学生严慈相济

C. 对学生因材施教　D. 团结和关心学生

17. 下面对教师专业发展的要求说法不正确的是(　　)

A. 拓展专业知识　B. 注意个人形象　C. 建立专业理想　D. 发展专业能力

18. 某幼儿园放学接孩子时,朵朵妈妈迟到了半小时才来接,却发现朵朵不见了。经调查发现,原来班级里的沈老师等不到孩子的家长,便把孩子交给了同路的学生家长。下列说法正确的是(　　)

A. 教师为家长考虑,符合爱岗敬业的职业道德

B. 幼儿最终安全到家即可,不用大惊小怪

C. 家长不配合老师工作,应该给予教训

D. 教师不负责任,违背了爱岗敬业的职业道德

19. 下列选自《安徒生童话》的是(　　)

A.《青蛙王子》　B.《小红帽》　C.《白雪公主》　D.《海的女儿》

20. 毛泽东的诗中写道:“虎踞龙盘今胜昔,天翻地覆慨而慷。”“天翻地覆”是指中国人民解放军(　　)

A. 解放南京　B. 挺进大别山　C. 转战陕北　D. 解放长江以北地区

21. 1923 年出版的《稻草人》开创了中国现代童话创作之路,其作者是(　　)

A. 茅盾　B. 叶圣陶　C. 张天翼　D. 陈伯吹

22. 我国有一个专门进行核试验的“原子城”,它位于(　　)

A. 新疆　B. 青海　C. 四川　D. 西藏

23. 既为“初唐四大家”之一,又是“楷书四大家”之一的书法家是(　　)

A. 颜真卿　B. 褚遂良　C. 欧阳询　D. 柳公权

24. 古人的年龄有时不直接用数字表示,而是用一种与年龄有关的称谓来代替。陆游有诗“余生已过足,不必到期颐”,苏轼有诗“到处不妨闲卜筑,流年自可数期颐”。“期颐”指的是(　　)

A. 七十岁　B. 六十岁　C. 九十岁　D. 一百岁

25. 下列选项中,未列入我国刺绣工艺中“四大名绣”的是(　　)

A. 苏绣　B. 京绣　C. 湘绣　D. 蜀绣

26. 河西走廊位于我国的(　　),是古代丝绸之路的必经之地。

A. 河北省西部　B. 甘肃省西北部

C. 河南省西部　D. 陕西省西北部

27. 俗话说“一寸光阴一寸金。”这里的“一寸”是用哪种古代计时器量出的时间单位(　　)

A. 圭表　B. 漏刻　C. 日晷　D. 漏壶

28. “四书”是封建社会科举取士的初级标准书。它所指的是下列哪四本书(　　)

A.《史记》《春秋》《汉书》《诗经》　B.《大学》《中庸》《论语》《孟子》

C.《史记》《论语》《诗经》《汉书》　D.《论语》《春秋》《诗经》《中庸》

29. 亚洲流经国家最多的河流是(　　)

A. 长江　B. 恒河　C. 印度河　D. 湄公河

30. 清朝设置伊犁将军,是为了管理(　　)地区。

A. 新疆　　B. 西藏　　C. 云南　　D. 青海

31. 下列属于苗族最具代表性的传统乐器的是(　　)

A. 笙　　B. 笛　　C. 箫　　D. 芦笙

32. 长篇小说《父与子》的作者是(　　)

A. 泰戈尔　　B. 屠格涅夫　　C. 普希金　　D. 列夫·托尔斯泰

33. 高尔基是苏联无产阶级作家,社会主义现实主义文学的奠基人。他的代表作(　　)开辟了无产阶级文学的新时代,是一部划时代的光辉著作。

A.《母亲》　　B.《人间喜剧》　　C.《寒灰集》　　D.《悲惨世界》

34. 下列所含光学知识原理达两种以上的是(　　)

A. 镜中花　　B. 凸透镜　　C. 海市蜃楼　　D. 潭清疑水浅

35. 法国启蒙运动是十八世纪一次波澜壮阔的思想解放运动,在政治上、思想上和理论上为法国大革命奠定了基础,对整个西方近代文明产生了深远关键的影响,众多著名的启蒙思想家成为启蒙运动的代表人物。下列不属于法国启蒙思想家的是(　　)

A. 狄德罗　　B. 伏尔泰　　C. 卢梭　　D. 洛克

36. 2015 年,我国著名药学家屠呦呦获得诺贝尔生理学或医学奖,这源于她发现了(　　)

A. 青霉素　　B. 青蒿素　　C 红霉素　　D. 紫霉素

37. 在 Excel 工作表单元格中输入(　　)时,应首先输入“=”。

A. 中文　　B. 公式　　C. 日期　　D. 数字

38. 在 Word 中,下列操作不能实现的是(　　)

A. 编辑文档　　B. 表格处理　　C. 图形处理　　D. 数据库管理

39. 找规律填数字是一项很有趣的活动,特别锻炼观察和思考力。下列选项中填入数列“2、12、30、56、________”空缺处的数字,正确的是(　　)

A. 80　　B. 76　　C. 98　　D. 90

40. 下列选项中,与“沧海桑田:手表”逻辑关系相同的是(　　)

A. 凿壁借光:电灯　　B. 一言九鼎:电子秤

C. 遥不可及:卷尺　　D. 一曝十寒:温度计

41. 下列选项中与“岳父—丈人”逻辑关系相同的是(　　)

A. 舅舅—外甥　　B. 姨妈—婶婶　　C. 伯父—侄子　　D. 祖母—奶奶

42. 找规律填数字是一项很有趣的活动,特别锻炼观察力和思考力。下列选项中填入数列“5、6、19、33、________、101”空缺处的数字,正确的是(　　)

A. 55　　B. 60　　C. 65　　D. 70

43. 找规律填数字是一项很有趣的活动,特别锻炼观察力和思考力。下列选项中填入数列“1、2、3、7、16、________”空缺处的数字,正确的是(　　)

A. 66　　B. 65　　C. 64　　D. 63

第 18 天　　试卷七　材料分析题

材料分析题(本大题共 15 小题,每小题 14 分,共 210 分)

1. 材料:

李老师从师范学校毕业后,在一所乡村幼儿园开始了她的教学生涯。十年来,她一直坚守在乡村学校教学的第一线。

为了寻找幼儿观察的野花,李老师在河岸、田埂精心识别挑选;为了幼儿能更好地体会绘本中所蕴含的情感,在家人熟睡的时候,她一个人在厨房里反复朗读绘本故事。大雪过后,她又会兴致勃勃地带着小朋友们去找蜡梅,去看苍翠的“松树公公”,让幼儿更好地感受自然。李老师坚持每天黎明即起,坐在校园旁的荷花池畔背唐诗、宋词,背郭沫若、艾青、普希金、海涅、泰戈尔等中外名家的诗篇,用优美的诗篇来陶冶自己的情操。她摘抄的古今中外的优秀诗篇,有厚厚的几本,她还学习教育学、心理学和美学,阅读许多中外教育名著,撰写日志,并不断改进自身教学实践。

问题:请结合材料,从教师观的角度,评析李老师的教育行为。

2. 材料:

课堂上,胡老师在黑板上用简练的几笔勾画出一只公鸡,并总结画公鸡的七个要素。接着,胡老师让四位小朋友在黑板上画出不同的圆形,由老师按画公鸡的要素依次在这四个不同的图形上分别添加几笔,画出了四只栩栩如生的公鸡。这使小朋友们精神为之一振,都想一试身手。于是,胡老师让全体幼儿在纸上动手画公鸡。在观察幼儿画的过程中,胡老师没有批评任何一个幼儿画得不像,而是不时对幼儿进行指导。之后,胡老师要求幼儿剪下画好的公鸡,贴在一张画有养鸡场的画板上,构成了一幅具有千姿百态公鸡的漂亮作品。最后,胡老师别具匠心地用铅笔画和纸篓做成了立体鸡,并在鸡背上开了个洞,让幼儿把剪下的碎纸片揉成颗粒作为饲料喂鸡,教室很快干净了。

问题:请结合材料,从教师观的角度,评析胡老师的教育行为。

3. **材料：**

李老师认为，要让孩子树立自信心，就必须让孩子发现自己的优点。在一节课上，李老师组织学生讨论："你有哪些优点？"小朋友们讨论得非常激烈，有的说自己乐于助人，有的说自己爱父母，有的说自己爱老师……大家发现原来自己和小伙伴有很多优点呢。这时，一向活泼好动的小明把手举得很高，李老师说："小明，你说说自己有哪些优点？"小明说："你为什么总是叫我们说优点啊？我爸爸说，每个人都有缺点，老师也有缺点，我想说缺点。"教室里一下安静了。李老师愣了一下，然后说："是的，我们每个人都有优点和缺点。老师也有缺点，请大家经常帮助我哦！现在大家围绕小明的观点进行讨论吧！"大家七嘴八舌地讨论起来，最后，李老师总结道："我们谈自己优点的同时，也要正视自己的缺点，改正了缺点，我们会更强。"课后，李老师在自己的日记里记录了这件事，并打算在合适的时候组织学生举办一次"我的小秘密"讨论活动，让小朋友们说说自己平时不好意思说出的缺点，并引导他们改掉这些缺点。

问题：请结合材料，从教育观的角度，评析李老师的教育行为。

4. **材料：**

我组织户外活动时，在一片野花丛中，小朋友们纷纷谈论着自己喜欢的花。这时全校闻名的"调皮大王"小强大声说："老师，我最喜欢的花是荆棘的花，荆棘虽然全身长满了刺，但它的生命力最旺盛，而且刺丛中还能开出美丽的花儿呢！"他的话遭到了一些小朋友的反驳。"你们就看到它的刺了！你们仔细看看人家刺中也有花，也值得我们去喜欢呀！"平时从不受欢迎的"调皮大王"，见到小朋友不赞同他，便据理力争。"刺中有花！刺中有花！"小强的话如一股电流触动了我的神经，赏花与育人不也同样吗？我激动地走到小强身边，搂着小强的肩对同学们说："小强说得有道理，荆棘虽然浑身是刺，但是它刺中也有美丽的花，我们不能只看到它的刺，就看不到它的花啦。我们对待其他小朋友也应像赏花一样，特别是对缺点多一些的小朋友，更应该正确看到他身上的闪光点。'花'有千万种，各有优缺点，你们说对不对！"说着，我拍了拍小强的肩。我的话赢得了一片掌声，小强也不好意思地低下了头。活动结束后，我专门找小强一起分析他自身存在的问题及产生的原因，鼓励他改掉缺点。

问题：请结合材料，从儿童观的角度，评析"我"的教育行为。

5. 材料:

大班的手工课上,马老师展示纸折的蚂蚁,大家都在认真欣赏。突然孩子们中间冒出一句话:“马老师,这只蚂蚁怎么没有‘大胡子’呀?”提出这个问题的不是别人,正是班里的“淘气包”浩浩。这个问题引起了孩子们热烈的讨论。有的说:“对呀,我看过蚂蚁碰‘胡子’!”有的说:“蚂蚁只有两根‘胡子’。”马老师停顿了一会儿说:“我们先到院子里观察蚂蚁的样子,再回来折纸蚂蚁好不好?”大家兴高采烈地在马老师的带领下到院子里观察蚂蚁。回到教室,马老师问:“大家还记得小蚂蚁是什么样子的吗?”大家又七嘴八舌地讨论起来。最后马老师总结说:“蚂蚁的身体分三段,头、胸、肚子,在它的头上长着两根细细长长的触角,在它的胸和肚子上长着六条细长的腿。”很快大家就开始专心做纸蚂蚁了。浩浩用铁丝做了蚂蚁的触角和腿,有触角的蚂蚁栩栩如生,马老师直夸浩浩爱思考,爱动手。

问题:请结合材料,从教育观的角度,分析材料中马老师的行为。

6. 材料:

班上的幼儿总记不住饭后漱口,一天早上,刘老师找了两个透明的塑料杯放在桌上,其中一个杯子里面装满了干净的水。早饭后刘老师让小朋友接水漱口,并让他们把漱口水吐在空杯子里,让全班小朋友来观察。孩子议论纷纷:“这两杯水不一样,一个很干净,一个很脏。”“那个杯子里的水里有东西了”。刘老师问:“这些脏东西原来藏在哪儿呀?”孩子们纷纷说道:“藏在小朋友的嘴里。”“藏在舌头底下。”“粘在牙上的。”“藏在牙缝里的。”刘老师把装着漱口水的杯子放进盥洗室。午睡后,孩子们去盥洗室解便洗手,捂着鼻子说:“房间里是什么味?真难闻。”这时,放杯子的地方围着几个小朋友,正在议论着。孩子指着杯子问:“这是什么呀?真臭。”原来漱口水已经变臭了,这时刘老师走过来,看见孩子们一脸的惊讶,问道:“大家想一想,这些东西在嘴里会怎么样?”有的孩子说:“也会变得很臭,生出许多细菌来。”还有的孩子说:“原来我们的牙齿就是这样被弄坏的!那吃完饭得把嘴漱干净。”有一位小朋友说:“我回家告诉爸爸妈妈,让他们吃完饭后也一定要漱口。”自那次观察活动后,孩子们漱口再也不用老师提醒了。

问题:请结合材料,从教育观的角度,评析刘老师的教育行为。

7. **材料：**

重点大学毕业生小刘，在教师公开招聘考试中以优异的成绩被聘为某幼儿园老师。刚上班时，他虚心向同事请教，认真备课，努力把握课堂教学的每个环节，工作高度负责，教学效果显著，不久便被评为优秀教师。随着对工作的熟悉与社会交往的增多，小刘越来越不重视备课和对教学环节的把握，开始变得浮躁。他认为："教师上课就那么回事，我备好一遍课可以用好多年。"上学期教师评定，小刘排名倒数。校长找他谈话，他还不以为然："我一个重点大学的毕业生，难道还教不了幼儿园？"之后，他把对校长和评定的不满都撒到幼儿身上。上课时挖苦、讽刺不专心听讲或爱捣乱的幼儿，甚至把他们赶出教室。

问题：请结合材料，从教师职业道德规范的角度，评析刘老师的做法。

8. **材料：**

性格文静的馨馨午睡时总是睡不着。为了解决这个问题，黄老师耐心地告诉她天天午睡的好处。黄老师还联系家长，请家长配合，让馨馨在家里早睡早起，以帮助她养成良好的午睡习惯，可总是收效不大。经观察，黄老师发现馨馨不好运动，到午睡时仍然精神饱满、不觉疲劳。于是，黄老师调整策略。首先，增加馨馨的运动量，如户外运动时引导她跑几圈，跑完后发个金牌；让她和运动量大的小朋友一起游戏、玩耍。其次，舒缓馨馨的情绪，午睡时不催她，还在耳边轻轻地说："没关系，如果睡不着就闭上眼睛躺一会儿吧！"等她睡着后，在枕头下藏一个小红花，等她醒来，给她一个惊喜……慢慢地，馨馨每天都能睡得很香了！

问题：请结合材料，从教师职业道德的角度，评析黄老师的教育行为。

9. **材料：**

今天的午点是香蕉，拿到香蕉后，王浩马上双手握住香蕉，眯着眼，"啪"地向吴老师开了一"枪"，小朋友们都笑了起来。吴老师没有生气，而是问小朋友们："王浩觉得他的香蕉像一把手枪，你们的香蕉像什么呢？"小朋友们低头看着手里的香蕉，纷纷说："像小船"、"像弯弯的月亮"、"像香肠"……

吃香蕉的时候，吴老师问："香蕉吃到嘴里是什么感觉啊？"小朋友们抢着说："香蕉很甜"、"吃在嘴里很软"、"香蕉有点黏牙"、"和橘子不一样，没有核"……

吃完香蕉吴老师又问:“大家说说看,香蕉皮像什么啊?”小朋友们看着桌上的香蕉皮,高兴地说:“像降落伞”、“像一朵花”、“像一只大章鱼”……

以往,吴老师会要求小朋友们把香蕉皮直接丢到垃圾桶里,可是今天,吴老师却要小朋友们把香蕉皮留到了桌子上,并给小朋友们提供了绳子、透明胶、剪刀等工具,兴趣盎然地带大家加工起香蕉皮来。

问题:请结合材料,从儿童观的角度,评析吴老师的教育行为。

10. **材料:**

儿歌课上,开始上课时老师说道:“今天下午我们将要学习儿歌《小燕子》,所以自由活动的小朋友都赶快坐好吧。”

“我不想学!”一个调皮的幼儿突然回答。

“为什么?”老师问道。

“因为这个儿歌我们都会唱了,每天幼儿园放学的时候都听这首儿歌。”

还有一位小朋友一边举手一边迫不及待地回答道:“是啊是啊,我妈妈经常给我唱这个儿歌,我早就会唱了,不信您听……小燕子,穿花衣……”

于是,大家纷纷表示自己都会唱,一起唱起儿歌来。于是这位老师说:“很好!我也同意大家的意见!今天我们这节课改为户外活动,就玩大家最喜欢的游戏吧。”

教室里响起一片热烈的掌声,小朋友们纷纷放好小凳子,有的拿出白纸折起飞机,有的邀请老师一起玩老鹰捉小鸡,还有的自己唱起儿歌来……

问题:请结合材料,从儿童观的角度,评析这位老师的教育行为。

11. **材料:**

某市幼儿园的张老师任教10年,每年都坚持订阅与教学有关的各种资料,仔细阅读、不断钻研。近几年她开设个人公众号,与同行们分享保育和教学心得、教学经验,成为幼儿园的“领头雁”。她曾教过一位性格孤僻的女孩,经家访了解到孩子父母一直忙于生计,从小将孩子一人丢在家里,致使女孩形成了孤僻的性格。为了能让她有所改变,课间活动时，张老师常常拉着她的手，带她与同学一起做游戏；有空时，替她梳凌乱的头发；天气多变时，提醒她及时添加衣物；放假时，领她回家一同玩耍。慢慢地，孩子的脸上露出了难得的笑容，渐渐地融进了班集体这个大家庭。

问题：请结合材料，从教师职业道德规范的角度，评析张老师的教育行为。

12. **材料：**

鲁迅曾将好的翻译家比喻为希腊神话中普罗米修斯那样的盗火者，对于中国的儿童文学来说，任溶溶正是这样一位盗火者。尤其是他对瑞典儿童文学作家林格伦作品的翻译和介绍，在中国的儿童文学界掀起一股热潮，给正处于转型期的儿童文学带来深刻的影响。

《长袜子皮皮》的主角皮皮是个一头红发、满脸雀斑的9岁的小姑娘，她天性喜欢自由，古灵精怪，常有奇思妙想，缺点不少，喜欢恶作剧，但更多的是优点，制服过坏人和恶兽，干了很多好事。这个个性鲜明、真实可爱的儿童形象得到中国小朋友的热烈欢迎，也在很大程度上启发了中国的儿童文学工作者。任老通过林格伦的作品为中国的儿童文学带来一股新风，结束了之前教训意味过重的儿童文学创作，代之以充满儿童视角和游戏精神的全新的儿童文学。

在从事翻译工作之余，他非常愿意去参加孩子们的集会，把国外新奇好玩的故事讲给孩子们听。故事讲得多了，任溶溶觉得不过瘾，国外的故事同中国孩子的生活毕竟有些“隔”，于是他开始自己编创故事。他创作的《没头脑和不高兴》与《一个天才杂技演员》堪称姊妹篇。作家在其中构置起一种喜剧和荒诞，让人物身上的缺点在哈哈镜中显形，用夸张来刻画童话形象，有鲜明的意蕴和佳妙的喜剧效果。虽然只是初试创作，但这两篇作品在风格和技巧上都已臻成熟，并与世界儿童文学接轨，成为中国儿童文学史上不朽的经典。

之后，任溶溶创作了《我的哥哥聪明透顶》《爸爸的老师》《弟弟看电影》《强强穿衣裳》《我给小鸡起名字》等一大批脍炙人口的儿童诗。这些诗歌大都构思巧妙，童趣盎然，简洁明快，朗朗上口。这些儿童诗同样延续了他善于在夸张和喜剧中传递教育意义的风格，而有的作品，甚至干脆放弃掉所谓的教育意义，直接将生活中的童趣瞬间呈现出来，将童趣推向一种极致。

他认为，诗的巧妙构思不是外加的，得在生活中善于捕捉那些巧妙的、可以入诗的东西，写下来就可以成为巧妙的诗，否则冥思苦想也无济于事。《我是一个可大可小的人》就来源于他自身的经历。而在写作的时候，又要从诗人本位向儿童本位转换，尽量使用清浅、好读的语言，教训意味不能过重，应该不能只写要儿童做什么，同时也要写儿童们要做什么，这才是全面的儿童文学。

任溶溶说："翻译创作了太多的儿童文学作品，不知不觉中被童化了。"1968 年，任溶溶被关进牛棚接受改造，分配到饲养场养猪。他说："很幸运，养猪其实是很舒服的，连队里还要天天读，有时候还要被训话，养猪就可以不用了。猪要吃东西的时候喂一下，其实待在饲养场蛮开心的。"任溶溶非常喜欢意大利作家罗大里，之前曾译过他的《洋葱头历险记》和儿童诗，但是从俄文转译的，实属遗憾。在牛棚里正好有大把的时间学习意大利语和日语。当别人在十年动乱中身心俱疲时，他却收获了两门外语，为以后的儿童文学翻译做好了准备。这样乐观和豁达的心态，其实正是儿童文学之于任溶溶的馈赠。

任溶溶曾说过："我的一生就是个童话。"他用一生的努力在中国的儿童文学史上构建起一个让人仰望的高度，高山仰止。他在我们心中真正成了一个可大可小的人。

（摘编自李墨波《他的一生就是一个童话》）

问题：

（1）为什么说任溶溶是儿童文学的盗火者？请结合材料简要分析。

（2）文章最后说，任溶溶在我们心中真正成了一个可大可小的人，如何理解这句话？请结合材料具体分析。

13. **材料：**

总以为，秋天是个适宜用耳朵听的季节。秋日里，最不能遗忘的恐怕就是知了的叫声了，在秋高气爽的午后，那阵阵参差不齐的合唱此起彼伏，随之向天空飞扬，在云端停驻片刻，倏尔又跌落下来。细听，少了夏日几许的聒噪，多了几分从容和坦然，在生命的最后日子里，没有理由轻言虚度，没有理由不尽情歌唱。

有空的话，也不要忘记到田地里去走走。傍晚，或者清晨，只需携一份平静的心，去亲近那久违的田垄，听听沉甸甸的玉米在秸秆上欣喜地私语；听听金黄的豆子迫不及待地噼里啪啦地跳出来；听听笔直的芝麻秆上"砰砰"的拔节声。此刻，你的心里会充满欣慰。

秋收后的田野，容颜更显得沧桑，胸怀更显得空旷，那萧瑟的玉米地中，黄绿斑驳的玉米叶子在浸着凉意的秋风中沙沙作响，没有一丝告别的悲伤，有的只是从容地挥手，沉静地微笑。那刚刚收割后的芝麻地里，一截截露出地面的芝麻茬，稍稍发白发干的茎秆截面，还隐约渗出点点晶莹的汁水，不会是听到芝麻粒儿跳出菱角后喜悦的泪水吧。

最喜欢坐在繁星满天的秋夜下，仰望天际，听点点星星在窃窃私语。偶尔，传来几声“唧唧”的声音，或许是蟋蟀或者蛐蛐在梦中的呓语吧，那会瞬间让你心静如水。

每一朵花，每一株草，每一片落叶，每一滴露珠，都是一种语言，但这种语言只有心灵纯净且充满挚爱的人才能听懂，美就藏在我们疲惫的心灵之外，远在天涯而又近在咫尺。去听吧，潺潺的流水声和鸟儿的啼鸣，犹如滴水崖中流泻出的清澈和美丽，点点滴滴，经久不息地在我们耳畔喧响。

凉爽的夜里，躺在床上，当给自己一天的思绪画上句号的时候，那不紧不慢的“咚咚”的心跳声正清晰地响彻在耳际。莫名的感动涌上心头，生命的感觉此刻是如此强烈，生命的脚步从未如此从容！听听自己的心脏的跳动，那儿会传来一个熟悉而又亲切的声音：来吧，到这儿来。那是来自母亲的召唤，是来自大自然的消息。

秋天了，叫醒自己沉睡的耳朵吧！用心去听，你会发现，在秋的行囊中，满载的都是单纯的快乐与纯粹的幸福。

（摘编自郑毅《听秋》，有删减）

问题：

(1)作者为什么说“秋天，是个适宜用耳朵听的季节”？请简要回答。

(2)请结合全文，谈谈你对“听秋”意义的理解。

14. 材料：

很多很多年以前，我是一个胡同里的孩子。

我住的那个院子曾经是一个国民党大官的旧宅，特别大也特别深。说是大户宅院，其实早已失去了它原来的森严：各家占地盖的小厨房布满各个旮旯，空出来供人走路的地方是不允许两个人并排的，路就像网一样复杂，不知道通向哪里，我就从来没有深入到最里面去，所以头一次到我家的人都会有走错门的经历，那是一个很普通的老北京大杂院，四处是养鱼养鸟养猫的，人们欢喜，人们争吵，热热闹闹，生机勃勃。

我们的房子在靠南的角落里，别看位置偏僻，却得天独厚：房前的空地上种着株枣树，房后还有个独立的小院，我们的窗子挨着别人的小院，我们的小院又通着别家的窗子，他们说什么干什么，我总能知道，因为我并不是一个很安分的孩子，那时候我最大的乐趣就是上树打枣，我不喜欢吃枣，但当我踩着一个摞一个的椅子，用竿子敲打高处的枣时，就有说不出的满足感。为了上树我想尽了办法，我不会爬树，就从邻居家偷偷扛来一架吱吱作响的旧梯子，到了房顶上，我才发现这一切原来多有趣：四周全是一层一层灰色的屋顶。大人们都在我的脚下，邻居正在骂骂咧咧地到处找他家的梯子；前院的奶奶又在给她的猫洗澡，猫挣扎着，溅了她一身水；去院子的最深处得经过一条更窄的过道，再后面竟是豁然开朗；远处胡同的小贩不住地吆喝。我想要是国民党大官坐在房顶上，他家的仆人哪还敢偷懒，这是一片全新的世界，从此我爱上了屋顶。

我喜欢在夏日的午后沉浸其中，躺在倾斜的屋脊下面，老树的枝叶遮住部分晃眼的日光，剩下的几缕穿过枝叶的缝隙暖暖地照在身上，鸣蝉的噪叫这时也如同美妙的音乐，我伸手就能够到老树的枝条，折一根在嘴里，有说不出的惬意，但一个人坐在上面总会无聊，于是我就召集了三五个孩子，我们坐在两个尖心顶之间的凹处，讲笑话编故事，最后连作业也索性拿到上面去写，那地方简直是个乐园，我毫无顾忌地呼朋唤友，放开喉咙肆意喊叫，那地方热闹得就像一个沙龙。前些日子，我看到卡尔维诺笔下的那个永远自由自在生活在树上再不肯接触地面的男爵，就像找到了一位17世纪的知音，他的惬意是别人根本感受不到的。当然，隆多男爵没有给别人带来不便，而我却得罪了几乎周围所有的人，他们对这个顽皮的孩子感到厌恶又无可奈何。我踩漏了张家的房顶，碰碎了李家的花盆，吃光了王家晾在上面的白薯干儿，他本以为晾在房上丢不了的，而丢了梯子的邻居终于找到了罪魁祸首，他们纷纷指责我不应该打枣，不应该在房上胡闹，不应该大嚷大叫，更不应该淘气得像个野人，我父母每天都忙着向邻居们道歉，看到他们彼此面色庄重和尴尬，我竟觉得很有意思。虽然那几年我过得挺开心，可也一直感到很内疚，尤其是那个几乎天天上门的伯伯，他有心脏病，而我简直成了他的病根。

8年过去了，我们早已搬出了那里而住进了水泥森林。从那以后，我就很少有机会安然地坐在阳光照耀下的斑驳树影里了，再也不能像隆多男爵一样在喧嚣中毫不做作地享受单纯世界了。我们唯一通着自然的阳台被封得死死的。为了追求明媚的阳光，我们远足来到乡间野外，到了时间，还得匆匆赶回去，重新拾起原本的生活。水泥森林里的动物们觉得心满意足，绿色森林里的树木被水泥吞噬。几十年后，也许不会再有胡同和大杂院了，也就不会再有老北京的韵味了。孩子们无法享受奔放的自由。我还能说什么呢？向隆多男爵致敬吧！

（摘编自马征《胡同里的孩子》）

问题：

(1)文中说“这是一片全新的世界，从此我爱上了屋顶。”从全文看，“我爱上了屋顶”的原因有哪些？

(2)文中说：“几十年后，也许不会再有胡同和大杂院了，也就不会再有老北京的韵味了。”联系生活实际，写出你对这句话的看法。

15. 材料：

著名的黑猩猩研究者珍妮·古多尔发现，幼小的黑猩猩常常玩这样的游戏：用手掌舀一点水，用牙齿嚼烂树叶，来汲取手掌中的水。而成年黑猩猩在干旱的季节，就是用嚼烂的树叶汲取树洞中的水解渴的。根据这样的发现，一些科学家认为，游戏行为是未来生活的排演或演习，游戏行为使得动物从小就能熟悉未来生活中要掌握的各种“技能”，例如追逐、躲藏、搏斗等等，熟悉未来动物社会中将要结成的各种关系。这对于动物将来的生存适应是非常重要的。这种假说可以称为“演习说”，基本观点是“游戏是生活的演习”。

有一些科学家不同意“演习说”。他们指出，游戏行为并不限于幼小动物，成年动物也同样需要。他们举出不少成年动物游戏的例子。对于成年动物来说，不存在用游戏来演习生活的需要。他们还指出，有些动物的游戏与生存适应毫无关系，例如河马喜欢玩从水下吹起浮在水面上的树叶的游戏，渡鸦喜欢玩从雪坡上滑滑梯的游戏等。这些科学家认为，动物游戏是为了“自我娱乐”，而“自我娱乐”是动物天性的表现，正像捕食、逃避敌害、繁殖行为等是动物的天性一样。越是进化程度高、智力发达的动物，这种“自我娱乐”的天性越强。游戏正是这种自我娱乐的集中表现。通过自得其乐的游戏，使动物紧张的自然竞争生活得到某种调剂和补偿，使它们在生理上、心理上容易保持平衡，从而得到一定的自我安抚和自我保护。因而，不仅幼小动物，成年动物也需要游戏。以上假说可以称为“自娱说”。

不久前，美国加州大学神经生理学家汉斯·特贝、哈佛大学社会生物学家斯塔·阿特曼等人提出一种引人注目的新假说——“学习说”。他们认为，游戏是一种实践性很强的学习行为。特贝曾经在卡那里群岛上研究黑猩猩的学习行为。他发现，如果给黑猩猩一根棍子，它们就会用棍子做出各种游戏行为：会用棍子互相赶来赶去，像人们赶鸭子似的；也会用棍子去取挂着的食物。经历过这种游戏的黑猩猩，在今后生活中容易学会使用棍子。同样，“捉迷藏”和追逐游戏，也使动物学会利用有利地形保护自己的本领。游戏的实践性强，能产生直接的效果反馈，对锻炼动物的速度、敏捷、隐蔽、争斗、利用环境等能力很有效。游戏向动物提供了大量机会，使它们能把自身的各种天赋技能和复杂的自然环境、社会环境巧妙地结合起来，因而无论对幼小动物还是成年动物，游戏都是一种十分重要的学习行为。

美国爱达荷大学的约翰·贝叶和加拿大动物学家保尔·赖特认为，游戏不仅是学习，而且是“锻炼”。贝叶注意到，西伯利亚羱羊的游戏带有明显的锻炼倾向：它们选择游戏场地时，似乎总是从“实战”出发，选择在坎坷的斜坡上奔跑追逐，在陡峭的悬崖上跳跃，好像是在锻炼它们逃避敌害的能力。赖特发现，哈得逊湾的北极熊冬季生活艰难，要花很大力气去捕捉海豹、鱼类，过着紧张的流浪生活。到了夏季，冰雪消融了，北极熊转移到陆上生活，这时，食物来源丰富了，北极熊不必为猎食而整天奔波。它们吃饱喝足了，就进行各种游戏，如摔跤、奔跑、追逐、滑坡等。夏季游戏好像体育运动，使北极熊在食物丰富的季节保持了身体的灵活和力量，这对于它们冬季捕食显然大有好处。因此，这两位学者提出“锻炼说”来补充“学习说”。

（摘编自周立明《动物游戏之谜》，有删改）

问题：

（1）第二段中举河马和渡鸦游戏的例子，有何作用？请简要概括。

（2）请结合材料简要分析本文是如何体现科普文的艺术性的。

第 19 天　　试卷八　写作题

写作题(本大题共 6 小题,每小题 50 分,共 300 分)

1. 阅读下面的材料,按要求作文。

陶行知先生曾言:“千教万教,教人求真;千学万学,学做真人。”教师的职责是教学生“求真”,但又不仅限于此;更为重要的是让学生形成良好的道德品质,学会做“真人”。教师的良好的道德品质与职业操守在学生这一“学做真人”的过程中扮演着极为重要的角色。

根据材料所引发的思考和感悟,写一篇论说文。

要求:用规范的现代汉语写作,角度自选,立意自定,标题自拟,不少于 800 字。

2. 阅读下面的材料,按要求作文。

师旷是我国古代著名的音乐家。一天,师旷正为晋平公演奏,忽然听到晋平公叹气说:“有很多东西我还不知道,可我现在已 70 多岁,再想学也太迟了吧!”师旷笑着答道:“那您就赶紧点蜡烛啊。”晋平公有些不高兴:“你这话什么意思? 求知与点蜡烛有什么关系? 答非所问! 你不是故意戏弄我吧?”师旷赶紧解释:“我怎敢戏弄大王您啊! 只是我听人说,年少时学习,就像走在朝阳下;壮年时学习,犹如在正午的阳光下行走;老年时学习,那便是在夜间点起蜡烛小心前行。烛光虽然微弱,比不上阳光,但总比摸黑强吧。”晋平公听了,点头称是。

根据材料所引发的思考和感悟,写一篇论说文。

要求:用规范的现代汉语写作,角度自选,立意自定,标题自拟,不少于 800 字。

3. 阅读下面的材料,按要求作文。

习近平总书记曾指出,家庭是人生的第一所学校,父母是孩子的第一任老师。强调家长要时时、处处给孩子做榜样,要用正确的行动、正确的思想、正确的方法引导孩子。

2019 年,全国妇联、教育部等九个部门印发的《全国家庭教育指导大纲(修订)》在家庭教育指导工作应该坚持的四项基本原则中,增加了“科学性原则”,对家庭教育指导工作进行了科学定位,要求家庭教育指导工作“遵循家庭教育规律,为家长提供科学化、专业化、规范化的指导服务”。

综合上述材料所引发的联想和感悟，写一篇论说文。

要求：用规范的现代汉语写作，角度自选，立意自定，标题自拟，不少于 800 字。

4. 阅读下面的材料，按要求作文。

材料 1：“人的一生应当这样度过，当他回首往事时，不因虚度年华而悔恨，也不因碌碌无为而羞愧……”《钢铁是怎样炼成的》主角保尔·柯察金以其钢铁般的意志和为理想而奋斗的精神，激励了一代代青年投身社会主义建设。

材料 2：“生活不能等待别人来安排，要自己去争取与奋斗！”《平凡的世界》里的农村青年人物——孙少平，在苦难面前咬牙坚持，积极抗争，让一代代人从中获得精神的力量，增添了克服困难的勇气。

综合上述材料所引发的思考和感悟，写一篇论说文。

要求：用规范的现代汉语写作，角度自选，立意自定，标题自拟，不少于 800 字。

5. 阅读下面的材料，按要求作文。

美国著名作家和教育家爱默生曾精辟地指出：“教育成功的秘密在于尊重学生。”谁掌握了这把钥匙，谁将获得教育上巨大的成功。

综合上述材料所引发的联想和感悟，写一篇论说文。

要求：用规范的现代汉语写作，角度自选，立意自定，标题自拟，不少于 800 字。

6. 阅读下面的材料，按要求作文。

为了在沙漠干旱恶劣的环境中生存，仙人掌把叶片蜷缩成针刺，以减少水分蒸发，在大漠中安营扎寨。沙漠大黄则向四面伸展肥硕碧绿的叶片，通过叶片上许多凹凸不平的纹理，将落到叶子上的每一滴水都导流到根部，开出娇艳的花朵。

它们的生存方式，引发了人们的许多思考：有人说，在恶劣的环境中，仙人掌和沙漠大黄都有自己的生存智慧；也有人说，在困境中，蜷缩内敛的仙人掌活得从容；还有人说，在困境中，舒展张扬的沙漠大黄活得灿烂……

综合上述材料所引发的联想和感悟，写一篇论说文。

要求：用规范的现代汉语写作，角度自选，立意自定，标题自拟，不少于 800 字。

第三阶段　模拟试卷

（本阶段共2天）

成功根本没有什么秘诀可言，如果真有的话，就是两个：第一个是坚持到底，永不放弃；第二个是当你想放弃的时候，回过头来看看第一个秘诀：坚持到底，永不放弃。

第 20 天　　试卷九　模拟试卷(一)

注意事项:

1. 考试时间为 120 分钟,满分为 150 分。

2. 请按规定在答题卡上填涂、作答,在试卷上作答无效,不予评分。

一、单项选择题(本大题共 29 小题,每小题 2 分,共 58 分)

在每小题列出的四个备选项中只有一个是符合题目要求的,请用 2B 铅笔把答题卡上对应题目的答案字母按要求涂黑。错选、多选或未选均无分。

1. 小红怀疑同伴小刚偷了她新买的油画棒,并报告了老师,老师便要搜查小刚的衣服口袋,小刚拒绝被搜。该老师的做法(　　)

A. 错误,应当充分尊重信任小刚

B. 错误,应搜查所有幼儿的口袋

C. 错误,应避免当众对小刚搜查

D. 错误,应该通知家长之后再搜

2. 董老师上完公开课后回看自己的课堂录像,找出上课过程中存在的问题,认真分析原因,改进教学方法。该做法体现的教师专业发展途径是(　　)

A. 同伴互助　　B. 教学观摩

C. 进修培训　　D. 教学反思

3. 音乐课上,乐乐大声地指出张老师歌词唱错了。张老师生气地说:“乐乐,你真厉害,以后就由你来上课吧!”关于张老师的行为,下列说法正确的是(　　)

A. 维护了教师的权威　　B. 保证了教学任务的顺利进行

C. 有效地控制了与课堂无关的行为　　D. 伤害了幼儿的自尊

4. 在一堂科学课上,孩子们就其中延伸出来的一个新问题展开激烈争论,各执己见。此时,老师应采取的合理措施是(　　)

A. 因势利导,鼓励幼儿课后探究　　B. 及时干预,强行制止幼儿争论

C. 暂停教学,即时请教专业人员　　D. 不加干预,让幼儿继续争论

5. 某学校组织学生秋游,活动前与学生家长签订了学校免责协议。活动中,学生孙某不慎摔伤。对此事故责任的判断,正确的是(　　)

A. 学校已签协议,不应承担法律责任

B. 学校是监护人,应承担监护人责任

C. 学校组织校外活动,就应该承担全部责任

D. 学校所签协议无效,应依法承担法律责任

6. 某幼儿园园长刘某在招生过程中非法获利数十万元,根据《中华人民共和国教育法》的规定,教育行政部门可以对其采取的措施是(　　)

A. 依法给予行政处分　　B. 依法给予刑事制裁

C. 依法给予党纪处分　　D. 依法给予民事制裁

7. 幼儿刘程程在省里面的钢琴比赛上获得了第一名,获得奖金 3000 元。但此时刘程程父母已离异,其母为刘程程的监护人,其父每月定期给抚养费。这笔奖金的所有者是(　　)

A. 刘母　　B. 刘父　　C. 幼儿园　　D. 刘程程

8. 教师张某让学生在老旧破损、有一定安全隐患的单杠上练习动作。关于张老师的行为,下列说法恰当的是(　　)

A. 正确,张老师这么做是教学工作需要

B. 错误,张老师不顾学生安全,应该被公安机关逮捕

C. 错误,老师不能在危及学生人身安全的设施中进行教学活动

D. 正确,这样更能锻炼学生,应当提倡

9. 根据《中华人民共和国教育法》第二十九条,学校及其他教育机构可行使的权利是(　　)

A. 自由选用教科书

B. 按照章程自主管理

C. 自主确定收费项目和收费标准

D. 从教师工资中抽取一部分用于建教师宿舍

10. 幼儿园教师余某在幼儿上课时,在幼儿园的操场上吸烟。该教师的行为(　　)

A. 合法,教师有休息的权利

B. 合法,教师未侵犯学生的权利

C. 不合法,教师不得在幼儿园内吸烟

D. 不合法,教师在征得幼儿同意之后方可吸烟

11. 根据《中华人民共和国教育法》规定,明知校舍或者教育教学设施有危险,而不采取措施,造成人员伤亡或者重大财产损失的,对直接负责的主管人员和其他直接责任人员,依法追究(　　)

A. 民事责任　　B. 刑事责任　　C. 一般责任　　D. 行政责任

12. 依据《中华人民共和国教师法》,为保障教师完成教学任务,下列有关各级人民政府、教育行政部门、有关部门、学校和其他教育机构应当履行职责的说法,不正确的一项是(　　)

A. 提供教学设施和设备

B. 提供必需的图书、资料及其他教育教学用品

C. 对教师在教育教学、科学研究中的创造性工作给以鼓励和帮助

D. 支持教师制止有害于学生的行为或者其他侵犯学生合法权益的行为

13. 全国人民代表大会是最高国家权力机关,下列不属于全国人民代表大会职权的是( )

A. 选举中华人民共和国主席和副主席

B. 依照法律规定决定省、自治区、直辖市的范围内部分地区进入紧急状态

C. 审查和批准国民经济和社会发展计划和计划执行情况的报告

D. 制定和修改刑事、民事、国家机构的和其他的基本法律

14. 江某的女儿玲玲已经六岁了,因身体状况无法按时入学,江某向当地乡镇人民政府提出申请延缓入学一年,当地乡镇人民政府应当( )

A. 拒绝,玲玲已经六周岁,必须立刻接受义务教育

B. 拒绝,必须延缓两年入学

C. 批准,可以延缓到七周岁入学

D. 批准,但必须多缴纳一年学费

15.《儿童权利公约》所确定的保护儿童的基本原则不包括( )

A. 无歧视原则　　B. 尊重儿童发展原则

C. 儿童最大利益原则　　D. 尊重儿童观点的原则

16. 根据《幼儿园工作规程》规定,幼儿入园前禁止( )

A. 幼儿入园健康检查

B. 幼儿学习能力考试或智力测查

C. 向家长了解家庭教养方式

D. 向家长了解幼儿的性格和爱好

17. 晚清时期第二次西学东渐,西方近代技术不断由上海传入中国,上海成了我国近代科学技术的策源地,有许多翻译出版机构翻译出版西方的科学技术书籍,传播西方科学技术。当时翻译西方科技书籍最多的翻译出版机构是( )

A. 墨海书馆　　B. 益智书会

C. 土山湾印书馆　　D. 江南制造局翻译馆

18. 2020 年 12 月 10 日 4 时 14 分,我国在西昌卫星发射中心用长征十一号运载火箭,以“一箭双星”方式将引力波暴高能电磁对应体全天监测器卫星送入预定轨道。为了利于科学传播,卫星昵称为( )

A. 墨子　　B. 慧眼

C. 极目　　D. 太极

19. 我们把海螺壳扣在耳朵上,可以听到像海潮一样的声音,其实这是(　　)

A. 风吹进海螺壳的声音　　B. 颅内血液流动的声音

C. 海螺运动发出的声音　　D. 外界的杂音

20. 下面的作家是唐宋散文八大家中的四位,其中属于唐朝的一位是(　　)

A. 韩愈　　B. 欧阳修　　C. 苏洵　　D. 王安石

21. 法国德拉克洛瓦的《自由引导人民》属于(　　)

A. 印象派　　B. 新古典主义

C. 浪漫主义　　D. 现代主义

22. 下图是油画《开国大典》,其作者是(　　)

A. 罗工柳　　B. 罗中立

C. 徐悲鸿　　D. 董希文

23. (　　)是中国旧民主主义革命的结束和新民主主义革命的开端的标志。

A. 北京大学成立　　B. 五四运动

C. 中国共产党的成立　　D.《新青年》的产生

24. 诗句"指点江山,激扬文字,粪土当年万户侯"书写了革命青年对国家命运的感慨和以天下为己任,蔑视反动统治者,改造旧中国的豪情壮志,该诗句出自毛泽东的哪部作品(　　)

A.《沁园春·雪》　　B.《采桑子·重阳》

C.《满江红·和郭沫若同志》　　D.《沁园春·长沙》

25. 中国第一部童话集是(　　)

A.《稻草人》　　B.《古代英雄的石像》

C.《大林和小林》　　D.《秃秃大王》

26. 在 Word 表格中,单元格内能填写的信息(　　)

A. 只能是文字　　B. 只能是文字或符号

C. 只能是图像　　D. 文字、图像、符号均可

27. 在 PowerPoint 中,新建一个演示文稿时,第一张幻灯片的默认版式是(　　)

A. 项目清单　　B. 两栏文本

C. 标题幻灯片　　D. 空白

28. 下列选项中,与“咽喉:要塞”逻辑关系一致的是(　　)

A. 耳目:刺探　　B. 头脑:智力

C. 手脚:捣鬼　　D. 眉目:头绪

29. 找规律填数字是一项很有趣的活动,特别锻炼观察和思考力。下列选项中填入数列“1、2、4、10、42、________”空缺处的数字。正确的是(　　)

A. 422　　B. 523　　C. 624　　D. 725

二、材料分析题(本大题共 3 小题,每小题 14 分,共 42 分)阅读材料,并回答问题。

30. 材料:

在搭建区,两个小朋友把插塑积木搭成一个宽长条,正无聊地玩着,过了一会儿,他们把积木放在另一块积木上,搭成了一条斜坡路,并拿着一辆无轮车在玩滑行(他们附近只有这辆车)。见他们已有滑行的意识,正在探索,李老师静静走过去,拿了一个圆形的积木放在上面,积木滚下来了,他们一见,开口笑了,也找来类似的圆形物体放在上面玩了起来。李老师站在旁边静静地看着没做什么解释。他们玩得非常开心,吸引了旁边的幼儿参与,他们有的拿车子,有的拿轮子,有的拿圆柱体积木,有的拿雪花片,有的拿方形积木……这时拿方形积木的泽泽叫了起来:“老师,它是滑下来的。”“对,请你们仔细观察谁是滚下来的,谁是滑下来的。”李老师又请小朋友搭了一条积木车道,让幼儿站在桌子两边,李老师手里拿着一个圆积木和一个方积木同时放在两条积木车道上,幼儿都说:“圆的滚下来,方的滑下来。”“观察得真仔细,请你们再去试试别的吧!”

问题:请结合材料,从教育观的角度,评析李老师的教育行为。(14 分)

31. **材料：**

刘老师开展了名为“独一无二的我”的主题活动，以提高同学们的自信心。她给每位同学发了一粒花生种子，首先让学生观察自己的那一颗花生，之后让同学们将花生按照组别放在一起，最后让学生在小组内寻找属于自己的那颗。结果，同学们很快找到了自己的花生。最后刘老师让同学们在小组内分享自己身上的优点和缺点，并让同学们相互说说对方的优点。活动过后，同学们对独一无二的自己有了更深的认识，变得更加自信了。以前小丽不喜欢与同学交流，活动课后发现同学眼中的自己有那么多优点，便喜欢并融入了集体。小丽妈妈为了感谢刘老师，通过微信给刘老师转了 400 元红包，并希望刘老师继续关注小丽。刘老师拒收了红包，并说道：“关心小丽的学习生活是我应该做的，希望以后我们能一起帮助她健康快乐地成长。”

问题：请结合材料，从教师职业道德的角度，评析材料中刘老师的教育行为。（14 分）

32. **材料：**

学生时代读沈括的《梦溪笔谈 · 雁荡山》，其中有云“按西域书，阿罗汉诺矩罗居震旦东南大海际雁荡山芙蓉峰龙湫”，从此知道“震旦”是中国古称。后来了解到有一段距今6亿年的地质年代，最先在中国被调查研究，故而被称为震旦纪。由此看来，“震旦”一词似乎凝结了中国悠久历史和深厚文化底蕴。而以“震旦”命名的小鸟，必定有其特别之处吧。

2007 年 6 月初，我们前往河北衡水湖自然保护区做鸟类繁殖季节调查。机缘巧合，在这里竟与久仰的震旦鸦雀不期而遇。调查进行到最后半天时，我们突然在芦苇丛中发现了一个精致的杯状巢，里面有 5 枚尚有余温的卵。巢的形状很像大苇莺的巢，但根据经验判断这不是。虽然它们都是固定在几根芦苇上的杯状巢，但仔细观察发现，这个巢的巢材都是精选的苇茎，编织也更精细，巢色黄褐，一尘不染，卵的颜色和斑点也与大苇莺不同。一会儿，一只小鸟从芦苇丛中悄悄钻出飞进巢中。对照鸟类图鉴，我们兴奋地发现这竟是一只震旦鸦雀！无奈工作已接近尾声，下午我们就将结束这次调查返京。

6 月底，我们再赴衡水湖。一连几日，淫雨霏霏，我们冒雨泡在齐腰深的苇塘里，寻找上次发现的震旦鸦雀巢。好不容易找到了，却发现早已雀去巢空。“也许选了新巢址呢！”朋友的话让我们重拾信心，继续寻找。果然拨开层层苇叶发现苇秆上正有一个震旦鸦雀嫩黄色的小巢，里面还有一枚呈奶茶色略带斑点的卵，拇指盖大小！不一会儿，一只震旦鸦雀就飞回来了。孵化期的震旦鸦雀不太怕人，它泰然稳“坐”巢中孵卵，与我们仅隔五六米。这一次我们总算能仔细地观察它了。它头部为灰色，两道黑色的眉纹从眼上方一直延伸到后颈。最特别的就是它们黄色的钩状喙，与鹦鹉的喙非常相似。拍摄完震旦鸦雀的孵化行为后，我们在附近几个苇塘里又陆续发现了数个巢，其中一个巢中有5枚卵，其中1枚颜色和大小与其他的略有不同，我们猜测这可能是杜鹃鱼目混珠的把戏。同时也发现一个有趣的现象，部分新巢附近都有一个旧巢。为什么震旦鸦雀会在繁殖季节营巢两次？是不是它们一年繁殖两次？疑问增加了我们的兴趣，不知道它们的育雏又将带给我们怎样的惊喜。

三周后，我们又来到衡水湖。我们在粗壮、高大的芦苇丛中，满怀希望地走向最早发现的那个震旦鸦雀巢，小心拨开苇叶，震旦鸦雀的小巢慢慢显露出来。只见4个黑乎乎的小家伙挤在一起！光溜溜的皮肤还没有长出羽毛，双眼紧闭。我们立即架好设备，等亲鸟回巢育雏。没过多久，苇叶晃动了，亲鸟回巢了。显然，亲鸟还是比较警惕，没有直接飞入巢中喂食，它衔着满嘴的虫子在苇叶间一蹦一跳，迂回地向巢靠近，最终还是绕过我们的机器跳回巢里。一落到巢边，巢中4只小鸟就炸开了锅。我们从监视器上看到它们伸长了脖子，橙黄色的大嘴张得几乎和头一样大。亲鸟喂光虫子，又俯身从巢里叼出一团白乎乎的东西吞进肚子，这是雏鸟的粪，外面裹着白色的蛋白膜。看着亲鸟清理巢内卫生的一幕，不由让人有“可怜天下父母心”的慨叹！通过观察我们还发现，震旦鸦雀取食寄生苇秆虫子的方法十分特别，很像啄木鸟。取食之前，先用奇特粗厚的钩状喙敲击芦苇秆以确定虫子的位置，然后用喙将苇秆咬碎并将虫子叼出。

三访衡水湖，我们也仅仅对衡水湖地区的震旦鸦雀有了初步的了解，希望在不久的将来，震旦鸦雀能得到人们更多的关注。

（摘编自双月刊《大自然》2008年第2期，有删改）

问题：

(1)根据文本概括震旦鸦雀的巢的特征。(4分)

(2)作者对震旦鸦雀的研究初有成效，从全文看取得成效的缘由有哪些？试做简要分析。(10分)

三、写作题(本大题1小题,50分)

33. 阅读下面材料,根据要求写作。

人生之路不是一马平川,有坦途就有坎坷,有甜蜜就有苦涩。

人生之路,从来都与挫折相伴而行。然而,挫折对于强者来说是一块块垫脚石,是通向成功的一级级阶梯;对于弱者则是一个个绊脚石,会把弱者跌得鼻青脸肿。

挫折,有时候也会像一座沙漠,试图使人迷失方向。自信者手中始终会握着一枚“指南针”,永远不会迷失方向,勇往直前地向着目标进发;而失意者却像一只无头苍蝇,撞到哪儿算哪儿,一辈子也走不出“沙漠”。

请根据以上材料,联系实际,写一篇论说文。

要求:用规范的现代汉语写作,角度自选,立意自定,标题自拟,不少于800字。

第 21 天　　试卷十　模拟试卷(二)

注意事项:

1. 考试时间为 120 分钟,满分为 150 分。
2. 请按规定在答题卡上填涂、作答,在试卷上作答无效,不予评分。

一、单项选择题(本大题共 29 小题,每小题 2 分,共 58 分)

在每小题列出的四个备选项中只有一个是符合题目要求的,请用 2B 铅笔把答题卡上对应题目的答案字母按要求涂黑。错选、多选或未选均无分。

1. 上课时老师问幼儿将来想做什么。晨晨马上举起了小手,骄傲地说:"我想坐船去银河里和月亮奶奶玩。"老师最恰当的回应是(　　)

A. 银河是由无数的恒星组成的亮带,不是一条河;月亮是地球的卫星,不是老奶奶

B. 那你可要努力学习了,长大了做航天员呀

C. 怎么整天就老想着玩呢

D. 理想还是不要脱离实际的好

2. 秦老师常说:"先学做人,后学做事,社会需要的是身体健康、和谐发展的建设者和接班人,而不是只会死读书的人。"这表明秦老师具有(　　)

A. 素质教育的理念　　B. 因材施教的意识

C. 开拓创新的理念　　D. 自主发展的意识

3. 张老师在设计保育教育活动时,会充分考虑幼儿的个别差异,根据不同发展水平的幼儿的不同需要,选择相应的教学材料和教学方式。根据福勒和布朗的理论,张老师处在(　　)

A. 关注生存阶段　　B. 关注情境阶段

C. 关注幼儿阶段　　D. 关注成长阶段

4. 李老师正在给幼儿讲故事,一位幼儿突然向李老师提出一个与故事无关却又观点独特、有讨论价值的问题。此时,李老师应当(　　)

A. 肯定幼儿提出的问题,鼓励幼儿可以在空闲时间探究

B. 指责幼儿胡思乱想,责令其坐好听课

C. 告诉幼儿不能提与本节课无关的问题

D. 不理会幼儿的提问

5. 刘某酒后闯入幼儿园寻衅滋事,扰乱了幼儿园的教育教学秩序。依据《中华人民共和国教育法》的规定,对于刘某(　　)

A. 应由幼儿园给予教育行政处罚

B. 应由公安机关给予治安管理处罚

C. 应由乡人民政府给予治安管理处罚

D. 应由教育行政部门给予行政拘留

6. 王老师大学毕业后自愿到新疆基层地区工作，根据《中华人民共和国教师法》规定，应该依法对王老师（　　）

A. 进行奖励　　B. 给予表彰　　C. 予以补贴　　D. 提高薪资

7. 某学校为了发展自己的双语教学特色，让其聘用的外教人员在境外收集了教材，并在学校里使用。根据《中华人民共和国义务教育法》的规定，该学校的做法（　　）

A. 合法，有利于促进学生的第二语言发展

B. 合法，能够让学校更有特色，增强竞争力

C. 不合法，学校不得使用未经审定的教材

D. 不合法，文化不同，不能直接采用

8. 小豪给班里长的胖的同学小佳取了"肥猪佳"的绰号，还煽动其他同学一起取笑小佳，小豪的这种行为侵犯了小佳的（　　）

A. 姓名权　　B. 荣誉权　　C. 肖像权　　D. 名誉权

9. 某幼儿园让幼儿停课参加某公司庆典，公司给予学校一定的经济回报。该校做法（　　）

A. 正确，可以改善学校办学条件　　B. 正确，学校拥有管理学生的权利

C. 不正确，侵犯了幼儿的受教育权　　D. 不正确，侵犯了幼儿的人格权

10. 张某为了谋利，在一所学校外开了一家网吧，并允许未成年人进入。针对张某所开的网吧，相关主管部门应予以关闭，依法给予张某（　　）

A. 罚款　　B. 记过处分　　C. 拘留　　D. 刑事制裁

11. 依据《幼儿园工作规程》规定，下列哪项不是幼儿园教师的主要职责（　　）

A. 制订和执行教育工作计划，合理安排幼儿一日生活

B. 负责与社区的联系和合作

C. 创设良好的教育环境，合理组织教育内容

D. 与家长保持经常联系

12. 为了提高幼儿园的竞争力，某幼儿园每天安排 45 分钟的识字课，该幼儿园的做法（　　）

A. 正确，有利于儿童智育的发展

B. 正确，有利于提高幼儿园的竞争力

C. 错误，幼儿园应以游戏为基本活动，寓教育于各项活动之中

D. 错误，识字课时间过长

13. 某学校邀请专家来做教育理念辅导报告，夏老师拒绝参加，他说："学那些理论没有用，把自己的课上好才是教师的看家本领。"夏老师的说法（　　）

A. 错误，教师应该不断提高理论素养

B. 错误，教师应该把自我提升作为首要目标

C. 正确，能把课上好就是优秀的教师

D. 正确，教育理念报告对教学实践没有任何帮助

14. 家长开放日时，一位家长听完李老师的展示课之后向班主任张老师反映："班里孩子多，我家然然胆子小又不爱说话，这堂课他一次手也没有举，虽然有一次被叫起来回答问题了，但那个题没什么难度，我感觉他这堂课收获很小。您能不能让李老师多给然然一些机会？"面对这样的情况，班主任如何回复最合适（　　）

A. 表示会多给孩子发言机会，让家长放心

B. 表示会跟李老师沟通，也请家长鼓励孩子积极发言

C. 建议家长直接与李老师沟通，自己不便向李老师提要求

D. 暗示家长老师曾经多次给然然机会，但孩子回答得不好

15. 迟老师编写的校本教材出现了不少错误，面对同事的质疑，迟老师说："这不过是一本校本教材而已，没必要那么认真！"迟老师的做法（　　）

A. 不合理，违背了终身学习的师德规范

B. 不合理，违背了爱岗敬业的师德规范

C. 合理，精力用于校本教材编写不值得

D. 合理，教师的主要任务就是把课上好

16. 魏晋南北朝时期，历时300多年，是中国历史上战乱频繁、充满曲折的时期。下列哪一事件不是发生在魏晋南北朝时期（　　）

A. 七国之乱　　B. 五胡乱华

C. 王与马，共天下　　D. 梁武帝舍身佛寺

17. 1938年10月，（　　）在党的六届六中全会上，最先提出了"马克思主义中国化"的命题。

A. 李大钊　　B. 陈独秀　　C. 张闻天　　D. 毛泽东

18.《黄河大合唱》的曲作者是（　　）

A. 黄自　　B. 冼星海　　C. 聂耳　　D. 刘天华

19. 小强观察到鱼缸内的小金鱼的口和鳃盖不停地交替张合。鱼的这种行为主要是为了（　　）

A. 取食　　B. 呼吸　　C. 喝水　　D. 平衡身体

20. 在内蒙古那达慕大会上常见的当地体育运动项目是(　　)

A. 泼水　　B. 跳板　　C. 上刀山　　D. 摔跤

21. 下列对第一次工业革命的叙述不正确的是(　　)

A. 它开始于英国,18 世纪末向外扩展

B. 一些国家的工业革命主要是靠从英国引进技术进行的

C. 它使各国迅速实现工业化

D. 英国由此成为世界工厂

22.《百年孤独》是拉丁美洲魔幻现实主义文学的代表作,小说以"汇集了不可思议的奇迹和最纯粹的现实生活"荣获 1982 年诺贝尔文学奖。该小说的作者是(　　)

A. 卡夫卡　　B. 艾略特

C. 马尔克斯　　D. 杰克·伦敦

23. 十九世纪六七十年代,随着光学研究的发展,一个以表现"光"和"色"和谐统一的画派出现了,下列画家中,属于这一画派的代表人物的是(　　)

A. 德拉克洛瓦　　B. 莫奈　　C. 米勒　　D. 毕加索

24. 莎士比亚是英国文艺复兴时期伟大的剧作家和诗人。下面哪部作品是其代表作(　　)

A.《罗密欧与朱丽叶》　　B.《海鸥》

C.《漂亮朋友》　　D.《老房子》

25. "西气东输"输送的气体的主要成分是(　　)

A. 一氧化碳　　B. 氢气　　C. 甲烷　　D. 二氧化碳

26. 在 Word 中进行 3 次复制操作和 4 次剪切操作后,在剪贴板上(　　)

A. 有这 7 次操作的内容　　B. 只有剪切的内容

C. 有最后一次剪切的内容　　D. 有最后一次复制和最后一次剪切的内容

27. 在单元格 A1、A2、A3、B1、B2、B3 中分别输入 1、2、3、4、5、6,单元格 C5 中输入" = AVERAGE(A1:B3)",则 C5 单元格中的数据为(　　)

A. 3　　B. 3.5　　C. 21　　D. NAME?

28. 下列选项中,与"白驹过隙—秒表"逻辑相同的是(　　)

A. 恩重如山—压力表　　B. 一线希望—弹簧秤

C. 一言九鼎—皮尺　　D. 风驰电掣—测速仪

29. 找规律填数字是一项很有趣的游戏,特别锻炼观察和思考能力,下列各组数字,填入数列"6、14、22、________、38、46"空缺处,正确的是(　　)

A. 30　　B. 32　　C. 34　　D. 36

二、材料分析题(本大题共3小题,每小题14分,共42分)阅读材料,并回答问题。

30. 材料:

折纸课上,一部分孩子在折纸飞机。折好的飞机在教室里飞来飞去,教室里乱成一团。李老师见状,决定让安安静静折纸的小朋友洋洋教同学们折青蛙。洋洋在讲台上讲得很认真,同学们在底下很安静地听着。当洋洋在表述过程中遇到问题,呆站着不知道如何是好的时候,老师便会投以鼓励的目光,先让洋洋自己想办法,实在不行就走上讲台协助洋洋做演示。"小老师"很好地完成了"教学任务"。教师在日志中写道:"这才是幼儿的课堂。"

问题:结合材料,从儿童观的角度分析该教师的教学行为。(14分)

31. 材料:

小明经常欺负比自己个头小的小朋友,对此张老师很是头疼。有一天,张老师想到一个"妙招",将教室隔开分为两边,让小明待在教室的一边玩,其他小朋友在另外一边玩。张老师还对其他小朋友说,如果有谁不听话,就到那边去和小明玩,以致其他小朋友都嘲笑小明是讨厌鬼。园长得知此事后,找到张老师进行谈话。园长指出张老师的错误之处,并要求张老师一定要不断提升自身的职业道德素养,积极参加每学期举办的师德集训。张老师表面上承认自己的错误并表示一定认真学习,但是心里却对师德集训嗤之以鼻,认为这样的集训实在是浪费时间。

问题:请结合材料,从教师职业道德的角度,评析张老师的保教行为。(14分)

32. 材料：

勤俭节约是中华民族的传统美德，而对于“80后”“90后”的青年一代，特别是城镇里的“新生代”来说，俭朴节约却似乎是一件新鲜事儿。因为他们没有经历过物质贫乏的年代，没有饥肠辘辘的切身感受，相反，却生活在舒适滋润，甚至娇生惯养的“独生子女”的物质和文化条件优越的时代环境中。如今他们步入社会不久或刚刚走上社会，就要直面不期而至的金融风暴和经济疲软。在经济寒潮面前，他们中的一些人摒弃了“抠门”这个概念，拿起了“节俭”这个有效武器。

我们应该肯定这种变化，并顺势呼唤传统“节俭”意识的回归。同时，又要引导青年人包括老一辈，全面把握节俭的时代意义和内涵，自觉地把节俭品德持之以恒、发扬光大，并促进经济发展和社会进步。如今的“节俭”是在一种新的人民生活水准、国家发展水平和社会、国际平台上的“节俭”。今天我们所主张的“节俭”，并不是一味地讲求清苦贫困，要人们什么都去省、一切都不要用，而是要人们能省则省、该用则用。因为即使在古代，人们也认为“圣人制用，丰约各有适”。对于有一定经济条件的人来说，应当以保持相对舒适甚至体面的生活为前提。但是，消费实际上是一种文化现象，从来不是单纯地满足衣食住行的要求，而是伴随着心理上的需求。“俭朴并不是要人脱离世俗的欢乐，而是摆脱那些仅仅是投合我们的虚荣心及欲望。”让生活丰富多彩，提高生活品位和层次并不必然地和挥霍浪费画等号。只是说要在工作和生活中做个有心人，能尽量做到节俭。“节约是避免不必要开支的科学，是合理安排我们财富的艺术”，而且“它能使人最大限度地享用生活”。

目前，为了从根本上扭转我国经济增速过快而导致的下滑趋势，中央提出了着力扩大内需，特别是促进居民消费需求的政策措施，这是十分正确的。但这种消费是指必需、正当和合理的消费，是对国计民生有利的。消费不能是盲目的。

消费需要引导，需要健康、科学而有序。社会消费水平要与经济发展相适应，又要推动经济。个人消费除要量力而行、量入而出外，还应提高消费品质。我们应当基于对经济形势的研判，用对当前经济形势的清醒认识和正确的消费文化来指导和统领自己的生活方式，做一个理智的消费者。我们要全面准确地领会中央的精神，一方面要以刺激消费、拉动内需来促进经济增长；另一方面又要避免片面强调消费，重蹈美国社会一度消费无度导致金融危机的覆辙。

（摘编自龙舟《节俭的时代新意与消费》）

问题：

(1)为什么说“消费实际上是一种文化现象”？（4分）

(2)在经济寒潮面前,为什么既要注重"节俭",又要促进"消费",二者相矛盾吗?为什么?请结合文章概述。(10分)

三、写作题(本大题1小题,50分)

33. 阅读下面的材料,按要求作文。

美国心理学家罗森塔尔和他的助手们来到一所小学,罗森塔尔以赞许的口吻将一份"最有发展前途者"的名单交给了校长和相关老师,并叮嘱他们务必要保密,以免影响实验的正确性。8个月后,罗森塔尔和助手们对那份名单中的学生进行复试,结果奇迹出现了:凡是上了名单的学生,个个成绩有了较大的进步,且性格活泼开朗,自信心强,求知欲旺盛,更乐于和别人打交道。

综合上述材料所引发的联想和感悟,写一篇论说文。

要求:用规范的现代汉语写作,角度自选,立意自定,标题自拟,不少于800字。

参考答案及解析

第一阶段　核心训练试卷

（本阶段共 16 天）

第 1 天

一、单项选择题

1. A　[解析]素质教育是促进学生个性发展的教育，每一位学生都有其个性，教师要尊重并充分发展学生的个性。题干中胡老师并没有因为图图的纪律问题而忽视图图手工课上的出色表现，说明胡老师注意到了图图的个性发展，并充分尊重与鼓励图图的个性发展。
2. B　[解析]素质教育是以培养创新精神和实践能力为重点的教育。培养具有创新精神和实践能力的新一代人才，是素质教育的时代特征。题干中的刘老师经常在课堂上设计一些开放性问题，引导学生自由讨论，探索答案。这体现了刘老师对学生创新思维的培养。
3. C　[解析]素质教育是促进学生全面发展的教育。题干中教师将幼儿的绘画课、手工课全部换成识字课和数学课，忽视了幼儿的绘画能力和动手能力的发展，不利于幼儿全面发展，违背了素质教育的理念。
4. C　[解析]素质教育是面向全体学生的教育。题干中蒋老师只让表现好的小朋友玩新玩具，导致一些小朋友一个学期都没有玩过新玩具，说明蒋老师并没有关注到全体幼儿的发展，未能平等公正地对待幼儿。
5. B　[解析]素质教育是以培养创新精神和实践能力为重点的教育。题干中幼儿富有想象力、创造性的答案却被老师否认，说明老师一味追求所谓的“正确答案”，并没有重视幼儿的创造性。
6. B　[解析]素质教育是以培养创新精神和实践能力为重点的教育。题干中的学生善于思考，敢于质疑，指出了老师教学上的错误，杨老师则肯定了该生勇于质疑的行为，这种做法有利于培养学生的发散思维、创新能力和反思能力。B 项在题干中没有体现，故本题选 B。
7. D　[解析]老师应该保护学生的好奇心，鼓励学生主动质疑、积极思考，培养学生的创造性思维。而题干中王老师的做法欠妥，扼杀了学生的创造性思维。
8. B　[解析]素质教育是一种以受教育者为主体的教育。素质教育的目的就是培养受教育者积极、主动的精神，挖掘和调动每个受教育者的内在潜能，实现受教育者的个性的全面发展。题干中的老师面对两次称一根粉笔出现的不同的测量情况，应该启发学生思考，培养学生的质疑与反思精神。
9. D　[解析]科学的学前教育观要求教师关爱幼儿，尊重幼儿。题干中，面对其他幼儿对莉莉的嘲笑，教师应及时予以引导，并想办法保护莉莉的自尊心。D 项，教师的说法巧妙地化解了莉莉的尴尬，故做法正确。

二、材料分析题（参考答案）

材料中任老师的行为是正确的，符合素质教育观的基本要求。

（1）素质教育是促进幼儿个性发展的教育。每一位幼儿都有其个性，因此，教育要尊重并充分发展幼儿的个性。材料中，在幼儿想用自己的方式做动作时，任老师没有觉得孩子们是在给自己“捣乱”，而是给予了充分的肯定和支持，说明任老师把幼儿看作学习的主体，充分尊重和发挥幼儿的主体意识和主动精神，促进幼儿个性发展。

（2）素质教育是面向全体幼儿的教育。素质教育不同于应试教育。素质教育倡导人人有受教育的权利，强调在教育中每个人都得到发展，而不是只注重一部分人，更不是只注重少数人的发展。材料中，幼儿琦琦因为父母的问题，常常自我封闭，但在活动中，任老师没有忽略琦琦，反而特意走到琦琦跟前，抱着她，让她感受老师的关爱与温暖。除此之外，任老师还引导其他小朋友邀请琦琦参加活动，帮助琦琦融入集体，做到了关注每一个幼儿，面向每一个幼儿，尊重每一个幼儿。

（3）素质教育是促进幼儿全面发展的教育。素质教育倡导的是在教育中使每个幼儿都得到充分的、全面的发展。素质教育的理论依据是全面发展教育。材料中，任老师在带领幼儿做活动时，尊重每位幼儿的自我发挥，同时引导其他小朋友给予琦琦关心，发展他们的同情心，说明任老师关注到了幼儿各方面的发展。

综上所述,任老师的教育行为是正确的,做到了面向全体幼儿、促进幼儿全面发展和促进幼儿个性发展,符合素质教育的理念。

第2天

一、单项选择题

1. A [解析]幼儿是受教育的对象,但幼儿在受教育过程中并不是对教师的完全盲从,而具有在教育活动中的主观能动性和自我教育的可能性。现代教育观强调幼儿是教育的主体,幼儿的学习和发展是幼儿主动建构的过程。题干中,詹老师把学生比喻为任凭教师写画的“白纸”,夸大了教师的主导作用,把学生当作被动接受知识的人,这种说法不恰当。
2. B [解析]教师在看到幼儿所画物体都用暗色调时,要引起警觉,这通常提示孩子有心理障碍,或者是色盲症患者。题干中老师面对这种情况要耐心了解冰冰的想法。
3. A [解析]李老师并没有以小明的现状为结论,而是根据小明的具体情况,采取一系列补救措施,说明她认识到学生是发展中的人,是有可能在教师的指导、教育下积极成长的。
4. A [解析]“育人为本”的儿童观强调儿童是发展中的人,有巨大的发展潜能。题干中幼儿园鼓励幼儿积极参与活动,对幼儿充满信心,促进了幼儿的发展。
5. D [解析]“育人为本”的儿童观认为每个幼儿都有自身的独特性,教师应当尊重幼儿的独特性和差异性。题干中,小明创作出了一个与众不同的苹果,老师应当尊重小明的创作,适当引导小明表达自己的创意,而不是直接否定学生,打击学生的创作激情。所以D项做法最合理。
6. B [解析]“育人为本”的儿童观认为幼儿是学习的主体,是具有能动性的教育对象。题干中,张老师认为幼儿像一张“白纸”可以任人随意描绘,幼儿的头脑是一个“容器”,可以任意进行填塞,这种观点忽视了幼儿的主体性和主观能动性,违背了幼儿是学习的主体的教育理念。
7. C [解析]幼儿是具有能动性的教育对象,具有自我教育的可能性。面对幼儿学不会的情况,教师应引导幼儿发挥自己的主观能动性,尝试着让幼儿自己进行。如若幼儿确实需要帮助,再为其提供支持。故教师正确的说法为C项,既舒缓了幼儿的情绪,又体现了对幼儿的尊重。
8. B [解析]“育人为本”的儿童观认为,幼儿是独特的人,幼儿与成人之间存在着巨大的差别,幼儿的观察、思考、选择和体验,都和成人有明显不同。题干中,罗老师认为“应当把孩子看作孩子”,就是认识到幼儿有自己的独特性,与成人不同,教学要以幼儿为本,促进幼儿的发展。本题选B。
9. C [解析]幼儿的身心发展具有阶段性特征。儿童心理时刻都在发生量的变化,随着量变的积累,到了一定程度,就会发生“质变”,从而使儿童心理发展呈现出“阶段性”。题干中幼儿园根据幼儿的认知发展特点和身心发展规律,对不同年龄阶段的幼儿进行不同层次的教学,是尊重幼儿身心发展阶段性的表现。

二、材料分析题(参考答案)

材料中老师的教育行为是正确的,体现了“育人为本”的儿童观。

(1)幼儿是发展中的人。幼儿是处于发展过程中的人。材料中教师将小女孩当作成长中的人,通过交谈发现女孩的优点,同时对小朋友们嘲笑小女孩的行为,并没有斥责,而是采取合理的措施引导小朋友们发现小女孩的优点,使小朋友们自觉改正自己的错误行为,这些都体现了教师将幼儿当作发展中的人。

(2)幼儿是独特的人。材料中教师能够根据小女孩的艺术才能,通过举办手工比赛,拉近她和小朋友们的距离,让小朋友们更好地认识小女孩,并引导幼儿树立正确的价值观,说明教师能够认识到每个幼儿都有自身的独特性,根据幼儿各个方面的情况因材施教。

综上所述,作为一名教师应该向材料中的老师学习,将“育人为本”的儿童观落实到教育教学活动中,做到因材施教,促进幼儿全面发展。

第3天

一、单项选择题

1. C [解析]幼儿园没有统一的课程,没有教材使用的规定,这就给予了每个幼儿园很大的空间,使得幼儿园能够根据当地以及自身的实际情况,制定出适合本幼儿园的课程。题干中,教师围绕主题进行整合、设计,以形成新的课程,体现了教师是课程的开发者和建设者的角色。
2. B [解析]题干中教师面对彤彤的行为,应该遵循新课程提倡的教师观的要求,尊重幼儿,引导幼儿展开讨论,让幼儿真正成为学习的主人。
3. D [解析]焦老师“参加教师培训”是终身学习

的表现;"返园后主动与同事们交流学习心得"有利于师幼的共同发展,推动幼儿园的园本教研。D项,"有利于增进家园合作"与题意无关,故本题选D。

4. A [解析]从教学与课程的关系看,教师是课程的开发者和建设者。新课程倡导民主、开放、科学的课程理念,教师不仅是课程实施的执行者,更应成为课程的开发者和建设者。题干中马老师将学校里的废旧物品融入课堂,是开发新课程的表现,说明马老师具有课程研发的意识。

5. B [解析]新课程改革要求教师应该是社区型的开放教师。教师不仅仅是学校的一员,还是社区的一员,是整个社区教育、科学、文化事业的共建者。题干中,李老师经常参与乡村和社区的教育、文化事业建设,说明李老师具有较强的社区服务意识。

6. A [解析]教师在对待师生关系上,要尊重、赞赏学生。教师必须尊重每一位学生做人的尊严和价值,尤其要尊重有缺点、被孤立和被拒绝的学生。题干中,小丽做事很慢,和小朋友们玩不到一起,胡老师却发现了她的闪光点,经常在班上表扬她,胡老师的这种做法能增强小丽的自信心,有利于学生的发展,是正确的。本题选A。

7. B [解析]根据福勒和布朗的理论,处于关注情境阶段的教师关心的是如何教好每一堂课,以及班级大小、时间压力和备课材料是否充分等与教学情境有关的问题,如"内容是否充分得当""如何呈现教学信息""如何掌握教学时间"等。题干中张老师的行为表明他处在关注情境阶段,故本题选择B。

8. C [解析]新课程提倡的教师观认为,教师在对待与其他教育者的关系上,应注重合作。课程的综合化趋势特别需要教师之间的合作,不同年级的教师要相互配合,齐心协力地培养学生。题干所述内容体现了白老师缺乏合作的意识,因此,C项说法正确。

二、材料分析题(参考答案)

材料中张老师的教育行为是合理的,符合新课改背景下的教师观。

(1)教师是学生学习的促进者。教师不仅传授知识,检查学生对知识的掌握程度,而且教师是学生学习的激发者,各种能力和积极个性的培养者。材料中,张老师认真观察幼儿的行为,耐心倾听幼儿的想法,并引导幼儿自主探究、观察讨论,体现了这一点。

(2)教师是教育教学的研究者。教师即研究者,意味着教师在教学过程中要以研究者的心态置身于教学情境之中,以研究者的眼光审视和分析教学理论与教学实践中的各种问题,对自身的行为进行反思,对出现的问题进行探究,对积累的经验进行总结,最终形成规律性的认识。材料中,张老师带幼儿出去观察周围的花花草草、小动物等,当发现周围有新奇的现象时,便和幼儿一起讨论、探索,并在此基础上研究、开发相应的课程,体现了其研究者的角色。

(3)教师是课程的开发者和建设者。新课程倡导民主、开放、科学的课程理念,同时确立了国家、地方、学校三级课程管理政策,这就要求课程与教学相互整合,教师必须在课程改革中发挥主体作用。教师不仅是课程实施的执行者,更应成为课程的开发者和建设者。材料中,张老师每周选择一种常见植物或动物,带领幼儿去观察、学习,体现了其课程建设者、开发者的角色。

因此,张老师的教育行为遵循了新课改背景下教师观的要求,有效支持了幼儿的积极探索,值得我们提倡和学习。

第4天

单项选择题

1. B [解析]《中华人民共和国宪法》第六十七条规定,全国人民代表大会常务委员会行使"解释宪法,监督宪法的实施"的职权。

2. D [解析]根据《中华人民共和国未成年人保护法》第二条规定,本法所称未成年人是指未满十八周岁的公民。

3. D [解析]《中华人民共和国未成年人保护法》第八十三条规定,各级人民政府应当保障未成年人受教育的权利,并采取措施保障留守未成年人、困境未成年人、残疾未成年人接受义务教育。

4. A [解析]《学生伤害事故处理办法》第十九条规定,教育行政部门收到调解申请,认为必要的,可以指定专门人员进行调解,并应当在受理申请之日起60日内完成调解。

5. C [解析]《中华人民共和国教师法》第三十九条规定,教师对学校或者其他教育机构侵犯其合法权益的,或者对学校或者其他教育机构作出的处理不服的,可以向教育行政部门提出申诉,教育行政部门应当在接到申诉的三十日内,作出处理。

6. C [解析]根据《中华人民共和国义务教育法》

第十二条规定,父母或者其他法定监护人在非户籍所在地工作或者居住的适龄儿童、少年,在其父母或者其他法定监护人工作或者居住地接受义务教育的,当地人民政府应当为其提供平等接受义务教育的条件。

第 5 天

单项选择题

1. B [解析]《中华人民共和国教育法》第七十三条规定,明知校舍或者教育教学设施有危险,而不采取措施,造成人员伤亡或者重大财产损失的,对直接负责的主管人员和其他直接责任人员,依法追究刑事责任。
2. D [解析]《学生伤害事故处理办法》第九条规定,学校教师或者其他工作人员在负有组织、管理未成年学生的职责期间,发现学生行为具有危险性,但未进行必要的管理、告诫或者制止而发生的学生伤害事故,学校应当依法承担相应的责任。题干中的班主任知道小红对芒果过敏,却未及时阻止而导致小红因严重过敏入院,依据上述规定,该幼儿园应当承担赔偿责任。
3. B [解析]《中华人民共和国教育法》第七十二条规定,结伙斗殴、寻衅滋事,扰乱学校及其他教育机构教育教学秩序或者破坏校舍、场地及其他财产的,由公安机关给予治安管理处罚;构成犯罪的,依法追究刑事责任。
4. A [解析]《学生伤害事故处理办法》第十三条规定,在学生自行上学、放学、返校、离校途中发生的学生人身损害后果的事故,学校行为并无不当的,不承担事故责任;事故责任应当按有关法律法规或者其他有关规定认定。题干中对于龙龙所受伤害的事故,学校不承担赔偿责任。
5. C [解析]《中华人民共和国未成年人保护法》第二十七条规定,学校、幼儿园的教职员工应当尊重未成年人人格尊严,不得对未成年人实施体罚、变相体罚或者其他侮辱人格尊严的行为。第一百一十九条规定,学校、幼儿园、婴幼儿照护服务等机构及其教职员工违反本法第二十七条、第二十八条、第三十九条规定的,由公安、教育、卫生健康、市场监督管理等部门按照职责分工责令改正;拒不改正或者情节严重的,对直接负责的主管人员和其他直接责任人员依法给予处分。
6. A [解析]《学生伤害事故处理办法》第二十八条规定,未成年学生对学生伤害事故负有责任的,由其监护人依法承担相应的赔偿责任。题干中幼儿王某在玩耍时故意将幼儿赵某推倒在地,致其左腕骨折,因此王某的监护人应当依法承担相应责任。
7. B [解析]《中华人民共和国教师法》第三十七条规定,教师故意不完成教育教学任务给教育教学工作造成损失的,由所在学校、其他教育机构或者教育行政部门给予行政处分或者解聘。因此,对于幼儿教师王云的情况,幼儿园有权予以解聘,做法正确。
8. D [解析]《中华人民共和国民法典》第一千一百九十九条规定,无民事行为能力人在幼儿园、学校或者其他教育机构学习、生活期间受到人身损害的,幼儿园、学校或者其他教育机构应当承担侵权责任。题干中欣欣是在幼儿园发生的意外事故,且陈老师并未尽到教育与管理的职责,故应由幼儿园承担主要责任。
9. C [解析]《中华人民共和国教师法》第三十七条规定,教师有下列情形之一的,由所在学校、其他教育机构或者教育行政部门给予行政处分或者解聘:(一)故意不完成教育教学任务给教育教学工作造成损失的;(二)体罚学生,经教育不改的;(三)品行不良、侮辱学生,影响恶劣的。教师有前款第(二)项、第(三)项所列情形之一,情节严重,构成犯罪的,依法追究刑事责任。

第 6 天

单项选择题

1. A [解析]《中华人民共和国教育法》第四十三条规定,受教育者享有“参加教育教学计划安排的各种活动,使用教育教学设施、设备、图书资料”的权利。题干中教师不让小明参与活动,侵犯了小明的这一权利。
2. B [解析]《中华人民共和国教师法》第十四条规定,受到剥夺政治权利或者故意犯罪受到有期徒刑以上刑事处罚的,不能取得教师资格;已经取得教师资格的,丧失教师资格。根据《教师资格条例》第十八条规定,依照教师法第十四条的规定丧失教师资格的,不能重新取得教师资格,其教师资格证书由县级以上人民政府教育行政部门收缴。故王某刑满释放后不能执教,但可从事其他职业,本题选 B。
3. A [解析]教育教学权是指教师享有进行教育教学活动、开展教育教学改革和实验的权利。这是教师为履行教育教学职责而必须具备的最基本的权利。任何人不得非法剥夺在聘教师行使教育教学权。故题干中校长罚王老师停课一周进行反思的行为侵犯了王老师的教育教学权。

4. C [解析]受教育权是幼儿最基本的权利。我国《教育法》规定,受教育者享有“参加教育教学计划安排的各种活动”的权利。在教育教学中,幼儿有权参加教学计划安排的授课、课堂讨论、观摩、实验等活动。题干中老师将学生赶出课堂剥夺了学生这一权利。

5. D [解析]肖像权是公民对于自己的肖像的制作和使用享有专有利益并排斥他人侵害的权利。题干中的辅导机构未经小丽或其监护人的许可将其照片印在宣传手册上,这侵犯了小丽的肖像权。

6. A [解析]健康权是指幼儿以其机体生理机能的正常运作和功能的完善发挥,维持人体生命活动的利益为内容的具体人格权。法律规定任何人不得在学校、幼儿园和其他未成年人集中活动的公共场所吸烟、饮酒。这是为了保护学生的身心健康。

第 7 天

单项选择题

1. B [解析]《幼儿园工作规程》第十条规定,幼儿入园前,应当按照卫生部门制定的卫生保健制度进行健康检查,合格者方可入园。幼儿入园除进行健康检查外,禁止任何形式的考试或测查。

2. B [解析]《幼儿园工作规程》第十九条指出,幼儿园应当建立幼儿健康检查制度和幼儿健康卡或档案。每年体检一次,每半年测身高、视力一次,每季度量体重一次。

3. A [解析]1989 年联合国通过的《儿童权利公约》的宗旨是:最大限度地保护儿童权益。

4. D [解析]《幼儿园工作规程》第十三条规定,入园幼儿应当由监护人或者其委托的成年人接送。如果孩子的父母忙,可以将孩子交给父母委托的其他人接,同时要与孩子的父母联系确认。

5. D [解析]《幼儿园工作规程》第十八条规定,在正常情况下,幼儿户外活动时间(包括户外体育活动时间)每天不得少于 2 小时,寄宿制幼儿园不得少于 3 小时;高寒、高温地区可酌情增减。

6. C [解析]《幼儿园工作规程》第二十条规定,幼儿园应当建立患病幼儿用药的委托交接制度,未经监护人委托或者同意,幼儿园不得给幼儿用药。故何老师做法不合法。

7. D [解析]《幼儿园工作规程》第二十二条规定,幼儿园应当培养幼儿良好的大小便习惯,不得限制幼儿便溺的次数、时间等。故题干中李老师做法不正确。

8. D [解析]《幼儿园工作规程》第四十七条规定,幼儿园不得以培养幼儿某种专项技能、组织或参与竞赛等为由,另外收取费用;不得以营利为目的组织幼儿表演、竞赛等活动。题干中幼儿园向家长收取费用,违反了《幼儿园工作规程》的规定,故做法不合理。

9. C [解析]《中国教育现代化 2035》提出了推进教育现代化的实施路径:一是总体规划,分区推进;二是细化目标,分步推进;三是精准施策,统筹推进;四是改革先行,系统推进。

10. A [解析]《幼儿园工作规程》第十五条规定,幼儿园应当结合幼儿年龄特点和接受能力开展反家庭暴力教育,发现幼儿遭受或者疑似遭受家庭暴力的,应当依法及时向公安机关报案。

11. B [解析]《幼儿园工作规程》第五十四条规定,家长委员会在幼儿园园长指导下工作。

12. B [解析]《儿童权利公约》第三十一条明确规定:儿童有权享有休息和闲暇,从事与儿童年龄相宜的游戏和娱乐活动,以及自由参加文化生活艺术活动。

第 8 天

一、单项选择题

1. C [解析]为人师表的师德规范要求教师做到坚守高尚情操,知荣明耻,严于律己,以身作则。衣着得体,语言规范,举止文明。关心集体,团结协作,尊重同事,尊重家长。作风正派,廉洁奉公。自觉抵制有偿家教,不利用职务之便谋取私利。A 选项教师在上班时间玩手机违反了爱岗敬业的师德规范,B 选项教师对幼儿区别对待违反了关爱学生的师德规范,D 选项教师止步于现有水平,认为不需要探索创新违反了终身学习的师德规范,C 选项教师有偿家教违反了为人师表中的“自觉抵制有偿家教,不利用职务之便谋取私利”的师德规范,故本题选择 C 选项。

2. B [解析]爱岗敬业就是要求教师对教育事业具有强烈的责任感和深厚的感情。题干中李老师的行为体现了爱岗敬业的教师职业道德。

3. B [解析]题干中王老师在爱护公共卫生方面以身作则,做幼儿的榜样,以自己的人格魅力教育、影响幼儿,体现的职业道德是为人师表。

4. D [解析]为人师表要求教师自觉抵制有偿家

教,不利用职务之便谋取私利。刘老师用假名在培训机构上课,挣取相应费用补贴家用,属于一种变相的家教,虽然事出有因,但违反了教师职业道德规范的要求。

5. C [解析]关爱学生的师德规范要求教师关心爱护全体学生,尊重学生人格,平等公正对待学生。题干中孙老师的做法是不正确的,拿学生与其他学生做比较是不尊重学生的表现,会伤害被比较的学生。

6. A [解析]题干中邓老师没有从刘老师的指导中总结经验,构建适合自己的教学模式,而是一味地模仿刘老师,没有进行自我反思,所以教学效果并不理想。

7. B [解析]教师运用行为规范处理与幼儿家长的关系时,要做到:(1)尊重和信任家长;(2)与家长真诚地交流;(3)理解并尊重家长的意见和看法。需要注意的是,尊重并不代表迁就,故B项说法错误。

8. C [解析]终身学习要求教师崇尚科学精神,树立终身学习理念,拓宽知识视野,更新知识结构。潜心钻研业务,勇于探索创新,不断提高专业素养和教育教学水平。题干中"积极听老教师的课""业余时间自修研究生课程""潜心研究教学方法"这一系列做法都体现了殷老师具有终身学习的理念。

9. D [解析]为人师表要求教师要做到作风正派,廉洁奉公。自觉抵制有偿家教,不利用职务之便谋取私利。题干中贾老师应对付款家长表示感谢并坚持把钱还给家长。

二、材料分析题(参考答案)

材料中关老师的行为践行了教师职业道德规范,值得我们学习。

(1)关老师践行了教书育人的师德规范。教书育人是教师的天职,教师要遵循教育规律,实施素质教育,促进学生的全面发展。材料中,面对学生关于老猴子抢小猴子东西吃的争论,关老师以此为契机,组织学生展开讨论,教育学生要做文明人,与人和谐相处,与动物和谐相处,促进了学生的全面发展。

(2)关老师践行了关爱学生的师德规范。关爱学生是师德的灵魂,要求教师有热爱学生、诲人不倦的情感和爱心。材料中,面对学生议论纷纷的问题,关老师及时关注,引导学生正确思考,循循善诱,取得了良好的教育效果。

(3)关老师践行了爱岗敬业的师德规范。爱岗敬业是教师职业的本质要求,教师对教育事业要有强烈的责任感和深厚的感情。材料中,关老师在秋游中对学生们的行为积极观察,并及时采取正确的教学方法,让学生们独立思考,懂得与动物和谐相处,关老师对工作认真负责的态度实现了秋游的教育价值。

作为一名教师,关老师积极践行了教师职业道德规范,促进了学生的发展。

第9天

单项选择题

1. A [解析]《史记·五帝本纪》记载:蚩尤作乱,不用帝命,于是黄帝乃征师诸侯,与蚩尤战于涿鹿之野,遂禽杀蚩尤。

2. A [解析]郡县制是中国古代继分封制度之后出现的以郡统县的两级地方行政制度,实行中央垂直管理下官员由中央直接任免的流官任期制,标志着官僚政治取代血缘政治。

3. A [解析]由题干内容结合史实可知,"一幢裂开的房子"指当时美国南北双方在奴隶制存废问题上的矛盾,这最终导致了南北战争的爆发。故答案选A。

4. D [解析]"封侯非我意,但愿海波平。"出自明朝抗倭名将戚继光的《韬钤深处》,意思是升官封侯并非是我内心的真正志向,早日扫清倭寇使我大明的沿海风平浪静才是我的愿望啊!"开辟荆榛逐荷夷,十年始克复先基。"出自明末清初的军事家郑成功的《复台》,意思是经过十年艰辛努力,才战胜了荷兰侵略者,恢复了先人的基业。

5. A [解析]都江堰是蜀郡太守李冰父子组织修建的大型水利工程,建成后成都平原"水旱从人,不知饥馑"。

6. B [解析]凡尔赛—华盛顿体系破产的根本原因是帝国主义经济政治发展不平衡性的加剧。

7. A [解析]禹建立中国历史上第一个王朝——夏朝。禹死后,禹的儿子启夺得王位并传位给自己的后代,禅让制被世袭制所取代。夏朝最后的君王是桀。故答案选A。

8. D [解析]1903年12月17日,莱特兄弟制造的第一架飞机"飞行者一号"在美国北卡罗来纳州试飞成功。

9. B [解析]1839年6月,清朝政府委任钦差大臣林则徐在广东虎门海滩集中销毁收缴鸦片,史称"虎门销烟"。

10. C [解析]公元208年,孙权、刘备于赤壁以少胜多战胜曹操，史称赤壁之战。赤壁之战为三国鼎立局面的形成奠定了基础。

11. B ［解析］拿破仑曾说过："我一生四十次战争胜利的光荣，被滑铁卢一战就抹去了，但我有一件功绩是永垂不朽的，这就是我的法典。"《拿破仑法典》是人类历史上资产阶级国家的第一部民法典，这部诞生于1804年的法国民法典是为保卫资产阶级革命的胜利果实而制定的。该法典的系统性、完整性和规范性，对后来其他资本主义国家的立法产生了巨大影响，起到了立法规范的作用。

12. A ［解析］1842年8月，英国迫使清政府签订中国近代史上第一个不平等条约——中英《南京条约》。《南京条约》主要内容有：割让香港岛给英国；赔偿2100万银元；开放广州、厦门、福州、宁波、上海五处为通商口岸，允许英人居住并设立领事馆；协定关税等。因此香港问题的形成开始于《南京条约》。

13. B ［解析］巴黎凯旋门上的《马赛曲》是吕德的浮雕作品，是歌颂法国大革命的史诗性作品。

第10天

单项选择题

1. B ［解析］放在衣橱中的樟脑丸时间长了体积会缩小，这是因为部分樟脑丸由固体直接变成气体，这种变化属于升华。

2. D ［解析］我国领土的最西端在新疆的帕米尔高原。我国领土的四端：最东端位置在黑龙江和乌苏里江的主航道中心线的相交处；最西端位置在新疆维吾尔自治区乌恰县以西的帕米尔高原；最北端位置在黑龙江省漠河以北的黑龙江主航道的中心线上；最南端位置在南沙群岛的曾母暗沙。因此本题答案为D项。

3. B ［解析］《周髀算经》成书于西汉时期，是我国第一部算学著作，是现存文献中最早记载勾股定理的著作，排除A项；《缀术》是南北朝时期的祖冲之父子所作，最大成就是圆周率的值，非十进位值制计数法，排除C项；《齐民要术》是南北朝时期的农学著作，排除D项；《九章算术》是一部数学专著，里面有十进位值制计数法的记录，故选B项。

4. D ［解析］1964年6月29日，中国自主研制的第一枚中近程运载火箭发射成功，故排除A项；"东方红一号"人造地球卫星成功发射是在1970年，故排除B项；返回式遥感卫星发射成功是在1975年，故排除C项。"神舟"五号载人航天飞船发射成功是在2003年，故本题选择D选项。

5. D ［解析］我国现存最早的一部完整的农学著作是北魏农学家贾思勰所著的《齐民要术》。

6. C ［解析］漂白精中含有次氯酸钙，存在 $ClO^- + H_2O \rightleftharpoons HClO + OH^-$ 平衡，在漂白精中滴加醋酸，可使平衡右移，增大了HClO的浓度，则氧化性增强，可增大漂白速率，故A正确；加热，促进纯碱的水解，生成更多的OH^-，因此溶液的碱性增强，可以促进更多的油污水解，故B正确；硫酸铜为重金属盐，对人体有害，可使蛋白质发生变性，不能用于食品防腐，故C错误；维生素C具有还原性，可防止亚铁离子被氧化，可在口服硫酸亚铁药片时服用维生素C，可增强治疗缺铁性贫血的效果，故D正确。

7. C ［解析］1609年，伽利略创制了天文望远镜（后被称为伽利略望远镜），并用来观测天体，这是世界上第一架天文望远镜。

8. C ［解析］声音的传播需要介质，固体、液体、气体都能传播声音，AB项错误，C项正确；声音是由振动产生的，用手敲桌面，可以听到声音，但没看到桌面在振动，是因为振动比较微小，肉眼不可见，D项错误。

9. D ［解析］我国首次成功发射的载人航天飞船"神舟五号"于2003年10月15日将航天员杨利伟送入太空。

10. C ［解析］阿波罗计划又称阿波罗工程，是美国在1961年到1972年组织实施的一系列载人登月飞行任务。

11. D ［解析］原则上输血一般要求同血型。输血时若血型不合，受血者体内红细胞上的凝集原和献血者血浆中的凝集素会凝聚成团，阻碍血液的循环而引起凝聚现象。因此答案选D项。

12. C ［解析］导致吸烟成瘾的主要物质是尼古丁，它会以极快的速度随血液进入大脑，引起大脑额叶皮质的先兴奋后抑制，使吸烟者开始感到很舒适、愉快。但是尼古丁在人体内代谢很快，一旦血中尼古丁含量下降，就会感觉心烦、疲乏、思维迟钝、注意力不能集中等，产生强烈的吸烟的欲望，所以吸烟者必须持续吸烟。同时，随着吸烟的增加，大脑中与尼古丁结合的乙酰胆碱受体对尼古丁的敏感性下降，体内代偿性产生更多受体，为获得与以前同样的感觉，就需要更多的尼古丁与之结合，因此形成恶性循环，吸烟者的烟量越来越大。此外，尼古丁会刺激多巴胺系统神经元,促使多巴胺释放,多巴胺具有影响情绪的作用,使吸烟者感到舒适、兴奋,从而对烟产生心理渴求,终致成瘾。

13. B [解析]2020 年 6 月 23 日,北斗系统第五十五颗导航卫星,也是北斗系统最后一颗全球组网卫星在西昌卫星发射中心点火升空。

14. A [解析]康德主要研究自然科学和哲学,他在 1755 年发表的《自然通史和天体论》中提出了太阳系起源的“星云”假说。

第 11 天

单项选择题

1. D [解析]当太阳直射北回归线,北半球的白昼时间达到全年最长,时间为 6 月 22 日前后,这一日被称为夏至。

2. B [解析]2020 年 12 月 17 日晚,我国单独申报的“太极拳”、我国与马来西亚联合申报的“送王船——有关人与海洋可持续联系的仪式及相关实践”两个项目,经联合国教科文组织保护非物质文化遗产政府间委员会评审通过,列入联合国教科文组织人类非物质文化遗产代表作名录。

3. C [解析]“狡兔三窟”出自《战国策》的名篇《冯谖客孟尝君》。冯谖曰:“狡兔有三窟,仅得免其死耳。今君有一窟,未得高枕而卧也。”意思是狡兔三窟才免去死亡危险,你只有一处安身之所,不能高枕无忧啊!

4. B [解析]破釜沉舟,这个成语出自项羽早期与秦军作战时,采用的置之死地而后生的方法,最终以少胜多战胜秦军的故事,与《十面埋伏》表现的历史场景无关,故本题选 B。

5. B [解析]寒食节相传是源于春秋时代的晋国,是为了纪念介子推而设立的,因此 B 项说法错误。

6. D [解析]谥号是后人根据皇帝生前的功绩创制的,光武帝在位期间采取了一系列措施来恢复和发展经济,使东汉初年出现了社会安定、经济恢复、人口增长的局面,因刘秀谥号为光武,所以称此时期为光武中兴。年号是皇帝在位年间用的纪年年号,“开元”是唐玄宗李隆基的年号。庙号则是后人祭祀时候用的,朱元璋是明朝开国皇帝,年号洪武,庙号太祖。故答案选 D。

7. B [解析]A 选项中冬不拉是哈萨克族民间流行的弹拨乐器;葫芦丝是云南少数民族乐器,主要流传于傣、阿昌、德昂等民族中;芦笙为西南地区苗、瑶、侗等民族的簧管乐器。C 选项中泼水节是傣族的节日。D 选项中酥油茶是藏族的传统食品,萨其马是满族的传统食品。

8. D [解析]度量衡,即计量物体长短、容积、轻重的统称。“度”即计量长短,“量”即计量容积,“衡”即计量轻重。

9. D [解析]春分和秋分前后,太阳直射赤道,全球各地昼夜等长。春分过后,太阳直射点开始由赤道进入北半球,北半球开始昼长夜短。秋分过后,太阳直射点开始由赤道进入南半球,北半球开始昼短夜长。

10. B [解析]中国古代年龄称谓中的“束发”是指男子十五岁;“及笄”是指女子十五岁。

11. C [解析]诗歌按题材可分为:怀古诗,田园诗,山水诗,送别诗,咏物诗,战争诗等。“海内存知己,天涯若比邻”的意思是四海之内有知心朋友,即使远在天边也如近在比邻。这首送别诗表现了诗人乐观宽广的胸襟和对友人的真挚情谊,也道出了诚挚的友谊可以超越时空界限的哲理,给人以莫大的安慰和鼓舞。故本题选 C 选项。

12. D [解析]四神兽方位:东青龙,西白虎,南朱雀,北玄武。

13. B [解析]清朝两江总督署驻地位于南京市,现为中国近代史遗址博物馆。

14. C [解析]“山重水复疑无路,柳暗花明又一村”出自陆游《游山西村》,故 C 项说法错误。

第 12 天

单项选择题

1. C [解析]《狂人日记》是鲁迅创作的第一篇短篇白话文日记体小说,也是中国第一部现代白话文小说,A 项错误。《资治通鉴》是由北宋司马光主编的我国第一部编年体通史。我国第一部纪传体通史是《史记》,B 项错误。《十日谈》是意大利作家薄伽丘创作的短篇小说集,是欧洲文学史上第一部现实主义巨著,C 项正确。《致大海》是俄国伟大诗人、作家普希金的一首政治抒情诗,D 项错误。故选 C。

2. A [解析]《资治通鉴》成书于宋朝,包含了唐朝的史实,答案为 A。《红楼梦》是清朝小说;《史记》成书于西汉;《道德经》是老子的哲学著作。

3. A [解析]《山海经》是先秦古籍,是一部富于神话传说的最古老的地理书。它主要记述古代地理、物产、神话、巫术、宗教等,也包括古史、医药、民俗、民族等方面的内容。除此之外,《山海经》

还记录了一系列神话故事,例如:夸父逐日、女娲补天、精卫填海、鲧禹治水等。“哪吒闹海”出自《封神演义》。“牛郎织女”是我国著名的民间传说,是我国人民最早的关于星的故事。“愚公移山”的典故出自《列子·汤问》。故本题答案为A。

4. D [解析]这三个小故事都出自古希腊寓言故事集《伊索寓言》。

5. D [解析]《狂人日记》是我国第一部现代白话小说。

6. B [解析]《德国,一个冬天的童话》是德国诗人、政论家海涅的代表作,故B项错误。

7. C [解析]任溶溶的代表作品是《没头脑和不高兴》,《神笔马良》是洪汛涛的作品。

8. A [解析]莫泊桑、契诃夫和欧·亨利并称为世界三大短篇小说家。

9. C [解析]“乐府”本是掌管音乐的机关名称,最早设立于汉武帝时。其具体任务是制作乐谱,收集歌词和训练音乐人才。歌词的来源有二:一部分是文人专门作的;一部分是从民间收集的。后来,人们将乐府机关采集的诗篇称为乐府,或称乐府诗、乐府歌词,于是乐府便由官府名称变成了诗体名称。乐府双璧为《木兰诗》与《孔雀东南飞》。

10. A [解析]泰戈尔,1913年成为第一位获得诺贝尔文学奖的亚洲人。川端康成,1968年获诺贝尔文学奖。沃莱·索因卡是尼日利亚剧作家、诗人、小说家、评论家,1986年获诺贝尔文学奖,成为第一位获此殊荣的非洲作家。2012年,莫言获得诺贝尔文学奖,成为首位获得诺贝尔文学奖的中国籍作家。

11. C [解析]但丁是13世纪末意大利诗人,现代意大利语的奠基者,欧洲文艺复兴时代的开拓人物之一,以长诗《神曲》而闻名。《茶花女》是小仲马的作品。《堂·吉诃德》是塞万提斯最负盛名的长篇小说。《乌托邦》是莫尔的不朽之作。

12. B [解析]A项“无边落木萧萧下,不尽长江滚滚来”出自杜甫的《登高》;B项“孤帆远影碧空尽,唯见长江天际流”出自李白的《黄鹤楼送孟浩然之广陵》;C项“晴川历历汉阳树,芳草萋萋鹦鹉洲”出自崔颢的《黄鹤楼》;D项“衰兰送客咸阳道,天若有情天亦老”出自李贺的《金铜仙人辞汉歌》。故本题答案选B。

13. C [解析]我国第一部编年体史书是《春秋》。

14. D [解析]“初唐四杰”是中国唐代初期四位文学家王勃、杨炯、卢照邻、骆宾王的合称,简称“王杨卢骆”。

第13天

单项选择题

1. A [解析]我国存世最早最完整的国画作品是顾恺之的《女史箴图》。故本题选择A选项。

2. A [解析]中国古代建筑的屋顶有等级之分,歇山顶在规格上仅次于庑殿顶,一般只有高级官员的房屋才能用,故A项错误;洛阳白马寺是佛教传入中国后兴建的第一座寺院,故B项正确;黄鹤楼始建于三国时期,岳阳楼始建于东汉,滕王阁始建于唐朝,故C项正确;佛光寺创建于北魏孝文帝年间,唐武宗李炎在位期间推行一系列“灭佛”政策,寺庙被毁。唐大中十一年,主殿东大殿得以重建。佛光寺是现存唐代木构建筑的范例,在建筑史上有突出的地位,故D项正确。

3. B [解析]《创世纪》是米开朗基罗的壁画。《夜巡》是伦勃朗的作品,《最后的晚餐》是达·芬奇的作品,《春》是波提切利的木板蛋彩画。

4. C [解析]元四家是指黄公望、王蒙、倪瓒和吴镇,文徵明是明四家之一。

5. B [解析]《摩登时代》是卓别林主演的经典黑白喜剧电影,于1936年首映。《浮华世界》是世界上第一部彩色电影,于1935年上映。《战争与和平》是1956年由金·维多执导的爱情片。《大独裁者》于1940年首映,是卓别林的第一部有声电影。

6. A [解析]东吴的曹不兴被称为“佛画之祖”,他的画被列为吴中“八绝”之一。

7. B [解析]《女史箴图》为中国东晋顾恺之创作的绢本绘画作品;《兰亭序》是东晋书法家王羲之的代表作;排除A、C两项。龙门石窟碑刻开凿于北魏孝文帝年间,之后历经东魏、西魏、北齐、隋、唐、五代、宋等朝代连续大规模营造达400余年之久,南北长达1公里,今存有窟龛2345个,造像10万余尊,碑刻题记2800余品。但是它没有反映北宋城市生活,不符合题意,排除D项。《清明上河图》为北宋风俗画,记录了北宋都城东京的城市面貌和当时社会各阶层人民的生活状况,是北宋时期都城东京繁荣的见证,也是北宋城市经济情况的写照。故答案选择B选项。

8. B [解析]《高山流水》是我国最古老的琴曲之一。相传战国时伯牙鼓琴,子期知音,所奏即为此曲。乐曲抒发了对大自然壮丽山河的赞叹,隐喻开阔的胸怀和百折不回的精神。

9. D ［解析］马头琴是中国少数民族蒙古族的拉弦乐器，因琴杆上端雕有马头而得名。

10. D ［解析］《梁山伯与祝英台》属于越剧经典曲目。

11. C ［解析］秦始皇陵兵马俑以陶俑群雕的形式出现，利用众多直立静止体的重复造就宏伟的气势。

12. A ［解析］A 项中《最后的晚餐》的作者是意大利的达·芬奇，雕塑“思想者”的作者是法国的罗丹，雕塑“大卫”是意大利雕塑家米开朗基罗的作品，它们同属于欧洲的文化遗产。B 项中“胡夫金字塔”和“狮身人面像”为埃及文化遗产，而“帕特农神庙”为古希腊建筑遗产。C 项中《百年孤独》为拉丁美洲作家马尔克斯的代表作；《老人与海》为美国小说家海明威的代表作；《海底两万里》是法国小说家儒勒·凡尔纳的代表作之一。D 项中，《飞鸟集》是印度诗人泰戈尔的代表作之一；《高老头》是法国著名作家巴尔扎克最优秀的作品之一；《源氏物语》是日本平安时代女作家紫式部创作的一部长篇小说。

13. D ［解析］《墙头马上》是元代著名戏曲家白朴的作品。《倩女离魂》是元曲作家郑光祖创作的杂剧。《汉宫秋》是元曲作家马致远的代表作。《窦娥冤》是元曲作家关汉卿的代表作。

14. C ［解析］《九成宫醴泉铭》被誉为“天下第一铭”，是唐贞观六年（632 年）由魏徵撰文、书法家欧阳询书丹而成的楷书书法作品，被后世誉为“天下第一楷书”。

15. D ［解析］题干中的诗句出自王士祯的《初春济南作》，描写了济南春晴、泉清和秀美的湖光山色。

16. B ［解析］花旦，多为扮演性格活泼明快或泼辣放荡的青年或中年女性；正旦，主要扮演性格刚烈、举止端庄的中年或青年女性；彩旦，扮演女性中的喜剧或闹剧人物，实为女丑；刀马旦专演巾帼英雄，提刀骑马、武艺高强的女性，身份大多是元帅或大将。

第 14 天

单项选择题

1. C ［解析］Word 文档打印时，若要打印连续的若干页，可以只给出起始页码和终止页码，之间用短横线连接。若要打印不连续的若干页，给出要打印的页码，各页码之间用半角的逗号隔开。故题干表示打印的是第 8 页至第 15 页，第 25 页和第 60 页。

2. B ［解析］Excel 中，筛选条件之间存在“与”和“或”的关系，选择“或”时筛选结果只要满足筛选条件其中一个，选择“与”时筛选结果要同时满足所有条件。因此，利用条件“数学 >70 与总分 >350”对考生成绩数据表进行筛选后，显示的结果是所有数学 >70 并且总分 >350 的记录。

3. C ［解析］Delete 表示删除光标后面的一个字符。当光标在第一段落的段落末时，按 Delete 键表示删除了换行符，即把两个段落合并为一个段落。

4. C ［解析］在 PowerPoint 的空白幻灯片中，可以直接插入图片、图表、文本框、页眉和页脚、艺术字、视频、音频等。若要插入字符，需要先点击文本框，然后进行相应操作。

5. D ［解析］求和函数为 sum（number1，number2，…），其中连续的单元格区域可以用左上角和右下角单元格的位置标识该区域，中间用冒号隔开。

6. A ［解析］“隐藏幻灯片”命令可以使 PPT 文档里的部分幻灯片隐藏起来，这部分隐藏的幻灯片在放映的时候不会显现。该命令和幻灯片放映有关，故呈现在“幻灯片放映”选项卡中。

第 15 天

单项选择题

1. A ［解析］音符构成了乐谱，五线谱是乐谱的一种，即前两个词是组成关系，后两个词是种属关系。A 项，笔画构成了汉字，金文是汉字的一种。故本题选 A。

2. A ［解析］化学是自然科学中的一门学科，二者是种属关系，化学元素是化学的研究对象。A 项，历史学是人文科学的一门学科，历史人物是历史学的研究对象，与题干的逻辑结构一致。B 项物理学与生物物理学并不是种属关系，排除 B 项。语言学和汉语言是种属关系，但是汉语言和文学不构成研究对象的关系，排除 C 项。社会科学包括社会学，二者位置关系与题干不符，排除 D 项。

3. B ［解析］车票—票据属于类属关系，车票是票据的一种，B 选项中戏票是入场券的一种，是类属关系。

4. C [解析]蝴蝶和蟋蟀都是昆虫;鹦鹉和海鸥都是鸟类。

5. B [解析]由题干"小杨获得了'三好学生'的荣誉称号,他该学期的成绩加权分数一定超过了80分"推出,该学期的成绩加权分数超过80分是获得"三好学生"荣誉称号的必要条件,B项为题干判断的前提,其余项均不符。故答案选B。

6. B [解析]本题属于充分条件假言命题推理,该推理否定后件式是正确的,故"如果不到长城,就不是好汉"为真,则可以推出"如果是好汉,就一定到过长城"。所以本题选择B项。

7. B [解析]小红是小明和小张的共同好友,却没收到电子红包,如果小红在小明的手机通讯录中,那么根据"小明给他手机通讯录上年龄比自己小的每一位好友都发了电子红包"可知,小红的年龄大于或等于小明的年龄。故选B。

8. D [解析]$7+9=16$;$9+(-1)=8$;$(-1)+5=4$;$5+(-3)=2$;16,8,4,2是等比数列。因此空缺中的数字是-3。

9. D [解析]由题干可知,题中数字的规律是:$2*3=6$,$2*3*6=36$,$2*3*6*36=1296$,因此空缺处的数字为1296。

10. C [解析]本题属于图形推理,主要考查公共边的数量。题干中的三个已知图形都分别是由两个形状相同、大小不同的图形组成,并且两个图形共用一边。只有C选项符合条件。

11. B [解析]由第一组图形可得知,规律是在第一个图形的基础上,依次向右旋转90°。故第二组图形的?处应为第二个图形向右旋转90°,即B选项正确。

第16天

一、材料分析题(参考答案)

(1)这里用到比拟的修辞方法。"狂妄的表现","狂妄"是贬义词,指的是人类不自量力的做法,即"征服自然"的狂言。"窃笑",其意图是告诫人类"征服自然"的狂想是不能实现的。"这种狂妄的表现"指的是人们常常把人与自然对立起来,宣称要征服自然;人类的作品飞上了太空,打开了一个个微观世界,于是人类就沾沾自喜,以为揭开了大自然的秘密。"窃笑"的依据是:①人类打开的空间只不过是咫尺之间。②今日的科学将会被未来的科学所取代。③科学史也是犯错误的历史。

(2)根据第二、三、四段的理解,"弟兄"是指人类以外的其他生物。称之为"弟兄",是因为所有生物都是宇宙的构成部分,生命的一种存在形式,一切生物都是平等的"弟兄"关系。我们的弟兄,是指宇宙中除了人类之外的生命。宇宙的一切,包括人类,都是宇宙生命的构成部分,人类之外的生命的种种存在形式,与我们是平等的存在,都是我们的弟兄。

二、写作题(参考范文)

厚积方能薄发

我们常常听到父母教训我们说,不要在无用的事情上浪费功夫,但何为"有用"何为"无用"呢?百岁老人周有光先生本业是个经济学家,因为对语言文字感兴趣,不惑之年,半路出家,成为新中国的汉语拼音方案的制定者之一,他被称为"汉语拼音之父",并成了世界级的语言大师。

合抱之木,生于毫末;九尺之台,起于垒土;千里之行,始于足下。

因为有了整个冬天的积蓄,所以才会有春日的万紫千红;因为有了无数次飞翔经验的积淀,所以才有了雄鹰的直上九天。

就如郑板桥画竹。郑板桥画竹之前,当然早已对所要画的成竹在胸,可画起来时却并不急于求成。他先用细致的笔法或勾或点或圈,把那远山、山间的白云,把那近水、水中的绿草,都细心地画出来。这时虽然无竹,可那竹早已在点点滴滴的色彩之中了。那高远的情怀、挺拔的英姿,也早已呼之欲出。这时候,他才不紧不慢地把竹补上。于是,一幅浑然天成的劲竹图就出来了。正是因为有了之前那么多的铺垫和渲染,才使得竹的出现顺理成章。倘若缺少了那些山水的蓄势,竹的精魂也就不会那么传神地表现出来了。

作画如此,做人又何尝不是如此呢?

苏洵曾在书斋埋头苦读数载,等积累了丰富的学识和见闻之后才走出书斋,那时他已年逾不惑,但是正因为有了十多年的积累,他才得到文坛领袖欧阳修的垂青,得以一鸣惊人,成为北宋文坛上的新星。

厚积方能薄发。厚积,并不是一味地沉寂;沉寂,为的是一飞冲天。而想一飞冲天,必须先拥有最强健的体魄,最柔软的羽毛,最坚定的意志。

王国维曾道古今成大事者必经的三个阶段:"昨夜西风凋碧树,独上高楼,望尽天涯路。""衣带渐宽终不悔,为伊消得人憔悴。""众里寻他千百度,蓦然回首,那人却在,灯火阑珊处。"正是有了那"独上高楼"的痴迷,"衣带渐宽终不悔"的执着,"千百度”“寻他”的厚积，才觅得“灯火阑珊处”的“那人”，“蓦然回首”的一刻才显得那么动人。

厚积方能薄发。有了“千呼万唤始出来，犹抱琵琶半遮面”的“积”，才有了琵琶女精妙绝伦的“发”；有了初唐王杨卢骆“导夫先路”的“积”，才使得大唐王朝诗歌双子星座的“发”成为可能；有了改革开放三十年历史发展的“积”，才使得今天向小康社会大步迈进的“发”成为现实。

厚积方能薄发，薄发源自厚积！

第二阶段　题型分类试卷

（本阶段共 3 天）

第 17 天

单项选择题

1. D ［解析］儿童身心发展的顺序性是指儿童从出生到成人的过程中，他们的身心发展是一个由低级到高级，由量变到质变的连续不断的过程，具有一定的顺序性。教育要适应身心发展的顺序性，循序渐进地促进儿童身心的发展。题干中某幼儿园大班把小学一年级语文、数学知识作为主要教学内容的做法有违儿童身心发展的顺序性。

2. D ［解析］素质教育是依据人的发展和社会的实际需要，以全面提高全体学生的基本素质为根本目的，以尊重学生主体性和主动精神，注重开发人的智慧潜能，形成人的健全个性为根本特征的教育。题干中幼儿园与音乐学院合作办学，属于素质教育的一种形式，目的是培养幼儿的音乐素养，而不是培养音乐人才。故本题选 D。

3. A ［解析］小浩上课扮鬼脸是为了得到老师或同学的关注，老师与同学可以不予理睬，不给予其希望得到的强化，那么此类行为就会逐渐减少。故针对题干中小浩的行为，教师最为适宜的处理策略是不予理睬。

4. A ［解析］教师在对待教学关系上，强调帮助、引导，教的本质在于引导。引导的特点是含而不露、开而不达、引而不发；引导的内容不仅包括方法和思维，同时也包括价值和做人。题干中老师的提问方式看似让学生参与课堂，其实只是一种无效提问，说明教师有这种意识，却没有正确理解帮助、引导幼儿的含义。

5. A ［解析］素质教育是促进学生全面发展的教育。学校教育不仅要抓好智育，更要重视德育，还要加强体育、美育、劳动技术教育和社会实践，使诸方面的教育相互渗透、协调发展，促进学生的全面发展和健康成长。题干中，张老师带领学生开展运动会、美术展等活动，促进了学生体育、美育等方面的发展，这符合素质教育倡导促进学生全面发展的理念。故本题选 A。

6. A ［解析］“育人为本”的儿童观认为幼儿是发展中的人，教师要用发展的、全面的眼光看待幼儿。题干中郑老师因为圆圆把鞋子穿反，没有耐心地鼓励与引导，反而当众批评他，郑老师没有尊重幼儿的人格，伤害了幼儿的自尊心，违背了“育人为本”的儿童观理念。

7. C ［解析］教师要尊重幼儿，信任幼儿，尊重幼儿的隐私，保护幼儿的自尊心。幼儿的自尊心比较脆弱，教师不要当着别人的面，揭幼儿的短处。故题干中王老师的做法是正确的。

8. C ［解析］教师侵犯学生财产权的表现形式有：损坏学生财物、非法没收学生物品、乱罚款、乱摊派、推销商品等。因此，题干中的李老师强制要求学生购买课外辅导资料的做法，侵犯了学生的财产权。

9. B ［解析］《幼儿园工作规程》第十五条规定，幼儿园教职工必须具有安全意识，掌握基本急救常识和防范、避险、逃生、自救的基本方法，在紧急情况下应当优先保护幼儿的人身安全。因此本题选择 B。

10. D ［解析］《中华人民共和国教育法》第二十七条规定，设立学校及其他教育机构，必须具备下列基本条件：（一）有组织机构和章程；（二）有合格的教师；（三）有符合规定标准的教学场所及设施、设备等；（四）有必备的办学资金和稳定的经费来源。所以，A、B、C 三项是设立学校及其教育机构必须具备的条件，D 项是不需要具备的条件。

11. A ［解析］《中华人民共和国教师法》第三十七条规定，教师有下列情形之一的，由所在学校、其他教育机构或者教育行政部门给予行政处分或者解聘：（一）故意不完成教育教学任务给教育教学工作造成损失的；（二）体罚学生，经教育不改的；（三）品行不良、侮辱学生，影响恶劣的。教师有前款第（二）项、第（三）项所列情形之一，情节严重，构成犯罪的，依法追究刑事责任。题干中方某给幼儿起侮辱性绰号，影响恶劣，侵犯了学生的人格尊严，所在学校或教育行政部门应当给予行政处分或解聘。

12. D [解析]《儿童权利公约》第十七条规定，缔约国确认大众传播媒介的重要作用，并应确保儿童能够从多种的国家和国际来源获得信息和资料，尤其是旨在促进其社会、精神和道德福祉和身心健康的信息和资料，为此目的，缔约国应：(1)鼓励大众传播媒介本着第 29 条的精神散播在社会和文化方面有益于儿童的信息和资料；(2)鼓励在编制、交流和散播来自不同文化、国家和国际来源的这类信息和资料方面进行国际合作；(3)鼓励儿童读物的著作和普及；(4)鼓励大众传播媒介特别注意属于少数群体或土著居民的儿童在语言方面的需要；(5)鼓励根据第 13 条和第 18 条的规定制定适当的准则，保护儿童不受可能损害其福祉的信息和资料之害。

13. B [解析]《中华人民共和国未成年人保护法》第一百零七条规定，人民法院审理离婚案件，涉及未成年子女抚养问题的，应当尊重已满八周岁未成年子女的真实意愿，根据双方具体情况，按照最有利于未成年子女的原则依法处理。

14. B [解析]《中华人民共和国未成年人保护法》第六十一条规定，任何组织或者个人不得招用未满十六周岁未成年人，国家另有规定的除外。

15. B [解析]《学生伤害事故处理办法》第九条规定，学校组织学生参加教育教学活动或者校外活动，未对学生进行相应的安全教育，并未在可预见的范围内采取必要的安全措施，造成学生伤害事故的，学校应当依法承担相应的责任。题干中小吴是在幼儿园组织的活动中受伤。且幼儿园并未在可预见的范围内采取必要的安全措施，故小吴治疗脚伤的费用应由幼儿园来承担。

16. A [解析]“只有集体和教师首先看到学生的优点，学生才能产生上进心。”指的是教师要善于发现学生的优点，注重培养学生的上进心，尊重学生，欣赏学生。

17. B [解析]教师专业发展的要求：(1)建立专业理想；(2)拓展专业知识；(3)发展专业能力；(4)形成专业自我。

18. D [解析]爱岗敬业要求教师对工作高度负责。题干中沈老师未经过朵朵家长的同意便将朵朵交给了其他人，没有做到对幼儿负责，对工作负责。

19. D [解析]《海的女儿》选自《安徒生童话》，其他三项均选自《格林童话》。

20. A [解析]题干中的诗句出自毛泽东的《七律·人民解放军占领南京》，“天翻地覆”就是指人民解放军解放南京。

21. B [解析]《稻草人》是中国第一本为儿童而写的童话集，作者叶圣陶是中国现代童话创作的拓荒者。

22. B [解析]中国“原子城”位于青海省海北藏族自治州西海镇，原称“二二一厂”，它是于 1958 年建设的中国第一个核武器研制、实验和生产基地，这里先后研制成功了中国第一颗原子弹和氢弹。

23. C [解析]“初唐四大家”是指薛稷、褚遂良、欧阳询、虞世南。“楷书四大家”是指颜真卿、赵孟頫、柳公权和欧阳询。因此，既是“初唐四大家”又是“楷书四大家”的是欧阳询。

24. D [解析]“期颐”用来代指一百岁。八九十岁用“耄耋”来代指，七十岁用“古稀”来代指，六十岁用“耳顺”“花甲”来代指。

25. B [解析]中国的四大名绣是苏绣、湘绣、粤绣和蜀绣。

26. B [解析]河西走廊位于甘肃西北部的狭长堆积平原，是古代丝绸之路的必经之地。

27. C [解析]“一寸光阴一寸金”是指一寸时间和一寸长的黄金一样昂贵，比喻时间十分宝贵。光阴称“寸”，缘于古人用“晷”来测算时间，“晷”又称作“日晷”。日晷即是在圆形板上刻上表明时间的度数，圆中心立一小棍，由日出到日落，小棍的阴影由长而短，又由短而长地映在度数上，即表示时间。

28. B [解析]“四书”是封建社会科举取士的初级标准书。它所指的是《大学》《中庸》《论语》《孟子》。

29. D [解析]澜沧江流出中国国境以后的河段称湄公河，发源于中国唐古拉山的东北坡，自北向南流经缅甸、老挝、泰国、柬埔寨和越南。

30. A [解析]清政府为加强对新疆地区的管理，设置伊犁将军，故选 A 项。

31. D [解析]芦笙是苗族最具有代表性的乐器。

32. B [解析]《父与子》是俄国作家屠格涅夫创作的长篇小说，发表于 1862 年。小说反映了农奴制改革前夕民主主义阵营和自由主义阵营之间的尖锐的思想斗争。《父与子》是屠格涅夫的代表作之一。

33. A [解析]《母亲》是苏联文学家高尔基创作的长篇小说，于1906年在美国写成。《母亲》标志着作家思想和艺术上的成熟，是社会主义现实主义文学的奠基作品，在世界文学史上开辟了无产阶级文学的新纪元。B选项《人间喜剧》是法国批判现实主义巨匠巴尔扎克的小说集。C选项《寒灰集》是郁达夫的小说集，共十一篇。D选项《悲惨世界》是法国作家维克多·雨果在1862年发表的一部长篇小说，其内容涵盖了拿破仑战争和之后的十几年的时间。

34. C [解析]A项体现了光的反射现象，B项与D项都体现了光的折射，只有C项中的海市蜃楼是光的反射和折射综合作用的结果。

35. D [解析]洛克是英国思想家，洛克的思想是启蒙思想的重要思想来源。狄德罗、伏尔泰、卢梭均为法国启蒙思想家。

36. B [解析]屠呦呦获得诺贝尔生理学或医学奖，她的主要贡献是发现了青蒿素，开创了疟疾治疗新方法。

37. B [解析]在Excel中，输入公式前必须先输入“=”。

38. D [解析]Word的基本功能有文档编辑、图形处理、图文混排、表格处理等。数据库管理不是Word的功能。

39. D [解析]$1\times2=2$；$3\times4=12$；$5\times6=30$；$7\times8=56$；$9\times10=90$。

40. C [解析]沧海桑田比喻世事变化很大，和时间有关；手表的功能是计时，和时间有关。分析可知第一个词的含义与第二个词的功能具有相似之处。遥不可及指非常遥远而不可到达，和距离有关；卷尺的功能是测量距离。C项与题干逻辑关系一致，故本题选择C。

41. D [解析]岳父和丈人是全同关系，祖母和奶奶也是全同关系。

42. B [解析]$5+6+8=19$；$6+19+8=33$；$19+33+8=60$；$33+60+8=101$。

43. B [解析]前项的平方加后项等于第三项。$1^2+2=3$，$2^2+3=7$，$3^2+7=16$，$7^2+16=65$。

第18天

材料分析题(参考答案)

1. 材料中李老师的教育行为符合教师观的要求，值得其他老师借鉴。

(1)从教师与学生的关系看，教师是学生学习的促进者。材料中，李老师为了让幼儿更好地体会绘本故事、感受自然、丰富直观经验，她会给幼儿寻找直观教具或是带幼儿实地考察，这些都体现出李老师在积极促进幼儿的学习和发展。

(2)从教学与研究的关系看，教师是教育教学的研究者。材料中，李老师通过学习理论知识不断改进自身教学实践，体现出她具有教育研究者的意识。

(3)从教学与课程的关系看，教师是课程的建设者和开发者。材料中，李老师精心挑选孩子们观察的野花，反复朗读绘本故事，带幼儿外出寻找蜡梅、看松树。李老师这些创造性地开发课程资源的行为，都体现出她具有课程开发意识。

综上所述，教师在教育教学过程中应运用新课程理念看待教师职业，树立正确的教师观，真正地做到教书育人。

2. 材料中的胡老师在课堂中的教学体现了新课程倡导的教师观，值得我们学习。

(1)从教师与学生的关系看，教师是学生学习的促进者。教师不仅传授知识，检查学生对知识的掌握程度，而且教师是学生学习的激发者，各种能力和积极个性的培养者。材料中胡老师先讲解，接着让四位幼儿演示，再让全体幼儿动手，并进行指导，说明胡老师认识到幼儿是学习的主体，尊重幼儿“自主、合作、探究”的新型学习方式，真正做到了成为幼儿学习的促进者。

(2)从教学与研究的关系看，教师是教育教学的研究者。教师即研究者，意味着教师在教学过程中要以研究者的心态置身于教学情境之中，以研究者的眼光审视和分析教学理论与教学实践中的各种问题，对自身的行为进行反思，对出现的问题进行探究，对积累的经验进行总结，最终形成规律性的认识。材料中的胡老师具有先进的教育理念，善于应用启发性的教学原则和探究式的教学方法，不断进行研究。

(3)从教学与课程的关系看，教师是课程的开发者和建设者。新课改要求课程与教学相互整合，教师必须在课程改革中发挥主体作用。教师不仅是课程实施的执行者，更应成为课程的开发者和建设者。材料中胡老师并没有仅仅根据教材的安排单纯传授画公鸡的方法，而是根据幼儿及课堂的实际情况调整课程的安排，以幼儿自己动手为主，设计出了适宜的画公鸡的教学活动。

(4)在对待师生关系上，强调尊重、赞赏。教师必须尊重每一位学生做人的尊严和价值，不伤害学生的自尊心。材料中胡老师在观察幼儿画的过程中,没有批评任何一个幼儿画得不像,而是不时对幼儿进行指导,说明胡老师做到尊重每一位学生,赞赏每一位学生。

(5)在对待教学关系上,强调帮助、引导。教的本质在于引导。引导的特点是含而不露、开而不达、引而不发;引导的内容不仅包括方法和思维,同时也包括价值和做人。材料中胡老师利用铅笔画和纸篓做成了立体鸡,并在鸡背上开了个洞,让幼儿把剪下的碎纸片揉成颗粒作为饲料喂鸡,不仅增加了幼儿对画画的兴趣,而且培养了幼儿爱护环境、讲卫生的习惯。

综上所述,胡老师的教学行为符合新课程倡导的教师观,促进了幼儿全面发展。

3. 李老师的教育行为践行了素质教育观理念,值得肯定。

(1)素质教育是面向全体学生,促进学生全面发展的教育。素质教育倡导的是在教育中使每个学生都得到充分的、全面的发展。材料中的李老师组织全班学生进行讨论,分析各自的优缺点,帮助幼儿正确认识自己,有利于全班幼儿的全面发展,这体现了李老师是面对全体幼儿进行的教育。

(2)素质教育是促进学生个性发展的教育。每一位学生都有其个性,教育还要尊重并充分发展学生的个性。材料中,李老师在小明提出不同的观点时,并没有予以制止,而是肯定了其想法,认为每个人都有优点和缺点,并打算举办活动帮助幼儿改掉自己的缺点,既尊重了幼儿,又有利于幼儿个性的健康发展。

(3)素质教育是以培养创新精神和实践能力为重点的教育。培养具有创新精神和实践能力的新一代人才,是素质教育的时代特征。材料中,李老师改变了传统的教学方式,组织学生讨论自己的优缺点,有利于幼儿的发展。

因此,作为教师要树立素质教育理念,在教学中实施素质教育,促进幼儿发展。

4. "我"的教育行为体现了"育人为本"的儿童观,值得肯定和学习。

(1)"育人为本"的儿童观认为,幼儿是发展中的人,具有巨大的发展潜能。材料中的"我"看到了小强同学身上的发展潜能,帮助他改正缺点,取得了进步。

(2)"育人为本"的儿童观认为,幼儿是独特的人,每个幼儿都有自身的独特性。教师要根据幼儿各个方面的情况因材施教,做到"一把钥匙开一把锁。"材料中,面对"调皮大王"小强,"我"帮助他分析自身问题和存在的原因,因材施教,鼓励他改掉缺点。

(3)"育人为本"的儿童观认为,幼儿是具有独立意义的人。材料中,当"调皮大王"小强提出与其他小朋友不同的观点时,"我"并没有予以反驳,而是给予肯定,并从小强的回答加以延伸,从而引导、教育幼儿,尊重了幼儿的意见,调动了幼儿的积极性和主动性。

综上所述,作为教师,我们应该秉承"育人为本"的儿童观,尊重幼儿,因材施教,积极地促进幼儿发展。

5. 马老师的教育行为很好地体现了素质教育观,值得我们借鉴和学习。

(1)素质教育是以培养创新精神和实践能力为重点的教育。教师在重视培养学生创新精神的同时,还要改变那种只重视教授书本知识、忽视实践能力培养的教学行为。材料中马老师尊重浩浩的想法,鼓励大家先观察再动手制作,说明马老师注重培养学生的实践能力,践行了素质教育的理念。

(2)素质教育是促进学生个性发展的教育。素质教育强调教育要尊重和发挥学生的主体意识和主动精神,培养并能够使学生形成健全的个性,使学生生动活泼地发展。材料中马老师鼓励幼儿自主发现、自主创造,说明马老师注重学生个性的培养,践行了素质教育观。

(3)素质教育是面向全体学生的教育。素质教育倡导人人有受教育的权利,强调在教育中每个人都得到发展,而不是只注重一部分人,更不是只注重少数人的发展。材料中马老师认真倾听孩子们的疑问,并且没有因为浩浩平时淘气就忽视对他的关注,反而夸赞浩浩爱思考、爱动手,说明马老师做到了面向全体学生进行教育。

因此,马老师的行为促进了幼儿的主动探究,在实践中锻炼了幼儿的能力,增强了幼儿的自信心,贯彻了素质教育观。

6. 刘老师的教育行为体现了素质教育的理念,促进了幼儿发展,是值得赞赏的。

(1)素质教育是促进学生全面发展的教育。实施素质教育要求教师在教育活动中促进幼儿各方面的全面发展,不可偏废其中任何一方。材料中,刘老师通过实验的方式引导幼儿认识饭后漱口的重要性,培养幼儿形成良好的卫生习惯,说明教师关注到了幼儿的全面发展。

(2)素质教育是以培养创新精神和实践能力为重

点的教育。在教育活动中,教师要激发幼儿学习的积极性和主动性,促进幼儿实践能力的发展。材料中,刘老师为了让幼儿养成饭后漱口的好习惯,通过引导幼儿观察漱口水和干净的水的区别,增加幼儿自主学习、自主活动的机会,有利于幼儿自主发现问题,培养其好奇、好问的良好品质。

(3)素质教育是促进学生个性发展的教育。要求教师要尊重并充分发展学生的个性。材料中,教师根据幼儿的年龄特点,采取适当的方式予以引导,摒弃了传统的“灌输式”教育,转而进行“启发式”教育。通过激发幼儿的学习兴趣,促使幼儿动脑、动手、动口,有利于推动幼儿的个性发展。

综上,刘老师通过直观形象的方式教会了幼儿漱口,促进了幼儿生动活泼、主动地发展,切实贯彻了素质教育的教育观,值得我们提倡和学习。

7. 材料中刘老师的行为严重违背了教师职业道德规范的要求,我们要引以为戒。

(1)刘老师的行为违背了爱岗敬业的职业道德规范。爱岗敬业要求教师应该忠诚于人民教育事业。对工作高度负责,认真备课上课,认真批改作业,认真辅导学生。不得敷衍塞责。材料中的刘老师在工作过程中没有进行教育教学反思,没有持续不断地改进自己的教学,反而敷衍了事,将责任归咎于幼儿,难以取得良好的教学效果。

(2)刘老师的行为违背了关爱学生的职业道德规范。关爱学生要求教师要关心爱护全体学生,尊重学生人格,平等公正对待学生。对学生严慈相济,做学生良师益友。不讽刺、挖苦、歧视学生,不体罚或变相体罚学生。材料中,刘老师对幼儿教育耐心不足,更是将不良情绪发泄到幼儿身上,体罚幼儿,严重伤害了幼儿的人格,给幼儿的成长与发展造成了不可挽回的伤害。

(3)刘老师的行为违背了爱国守法的职业道德规范。爱国守法要求教师要自觉遵守教育法律法规,依法履行教师职责权利。材料中的刘老师侵犯了幼儿的人格尊严权,将幼儿赶出教室侵犯了幼儿的受教育权,违背了相关的教育法律法规,严重侵害了幼儿的权益。

(4)刘老师的行为违背了为人师表的职业道德规范。为人师表要求教师要坚守高尚情操,知荣明耻,严于律己,以身作则。材料中的刘老师在幼儿面前无法控制不良情绪,给幼儿成长造成了不良影响。

综上所述,刘老师的行为要予以禁止,作为一名教师,必须严格遵守教师职业道德的要求,自觉规范自身行为,切实促进幼儿的成长。

8. 黄老师的教育行为体现了“关爱学生”“教书育人”“为人师表”“爱岗敬业”的教师职业道德规范,是值得肯定的。

(1)黄老师的教育行为体现了“关爱学生”的要求。关爱学生是师德的灵魂,是教师处理其与学生的关系时所应遵循的原则要求。材料中黄老师为解决馨馨不睡午觉的问题,耐心地告诉她午睡的好处,还联系家长、请家长配合,让馨馨在家里早睡早起,以帮助其养成良好的午睡习惯,体现了该要求。

(2)黄老师的行为体现了“教书育人”的要求。教书育人是教师的天职。教书育人要求教师遵循教育规律,实施素质教育。循循善诱,诲人不倦,因材施教。材料中黄老师经观察发现馨馨不好运动,到午睡时仍然精神饱满,不觉疲劳。于是,她采取了加大其运动量的方式,让馨馨和运动量大的小朋友一起游戏、玩耍,并舒缓她的情绪,最终使馨馨逐渐养成了午睡的好习惯,体现了该要求。

(3)黄老师的教育行为体现了“为人师表”的要求。为人师表是教师职业道德的内在要求。它要求教师坚守高尚情操,知荣明耻,严于律己,以身作则。关心集体,团结协作,尊重同事,尊重家长。材料中黄老师不仅自己想方设法对幼儿进行教育,还积极联系家长,了解幼儿情况,与家长交流教育经验与方法,从而形成教育合力,最终促使馨馨养成良好的午睡习惯。

(4)黄老师的教育行为体现了“爱岗敬业”的要求。爱岗敬业要求教师忠诚于人民教育事业,志存高远,勤恳敬业,甘为人梯,乐于奉献。不得敷衍塞责。材料中黄老师为了帮助馨馨解决睡不着的问题想尽了各种办法,运用了多种策略,具有爱心和耐心,说明黄老师做到了爱岗敬业,勤恳负责。

故黄老师的行为体现了崇高的教师职业道德规范,这种精神值得大力弘扬,需要每个老师学习。

9. 吴老师的教育行为是正确的,践行了“育人为本”的儿童观,值得我们学习。

(1)幼儿是发展中的人,要用发展的观点认识幼儿。幼儿不同于成人,正处于发展之中,他们有自己独特的认知方式、成长特点,有巨大的发展潜能和被塑造与自我塑造的潜力。材料中吴老师对幼儿的搞怪行为没有责骂，而是以此为契机，让幼儿展开想象，激发了幼儿的创造力，吃完香蕉还让幼儿用香蕉皮进行手工制作，锻炼了幼儿的动手操作能力。

(2)幼儿是独特的人。教师应当将幼儿看成独特的个体，因材施教，促进幼儿的全面发展。材料中吴老师利用香蕉的形状、味道，充分发挥了幼儿独特的想象力，并利用各种材料带大家加工香蕉皮，尊重幼儿在这一过程中独特的想法，促进幼儿健康成长。

(3)幼儿是学习的主体，是具有能动性的教育对象。幼儿是教育的主体，幼儿的学习和发展是幼儿主动建构的过程。材料中吴老师并没有直接讲授关于香蕉的知识，而是引导幼儿自己品尝、自己想象，促进了幼儿想象力和创造力的发展，尊重了幼儿的主体地位。

综上所述，吴老师的行为值得我们借鉴。

10. 该老师的做法比较恰当，符合新课程改革背景下"育人为本"的儿童观的具体要求。

(1)儿童是学习的主体，是具有能动性的教育对象。每个儿童都是独立于教师的头脑之外，不以教师的意志为转移的客观存在。在材料中，教师把幼儿当作独立的人来看待，认真采纳幼儿的意见，使自己的教育教学适应幼儿的情况、条件、要求和思想认识的发展规律，不把自己的意志强加给儿童。

(2)儿童是独特的人，是独一无二的人。教师应该根据幼儿的特点和要求，进行有的放矢地教育。材料中，教师让幼儿充分发挥自己的独特性，自行选择自己喜欢的游戏，让幼儿在游戏中获得知识、获得快乐。

因此，作为一名教师，要充分践行"育人为本"的儿童观，把幼儿看成独立意义的人，有个体差异的人，促进幼儿全面发展。

11. 张老师的行为践行了教师职业道德规范，值得每一位教师学习。

(1)张老师的做法践行了终身学习的教师职业道德规范。终身学习是时代发展的要求，也是教师职业特点所决定的。因此，教师必须树立终身学习的观念，不断在读书学习中拓宽知识视野，更新知识结构，这是教师专业成长的必由之路。材料中，张老师每年都坚持订阅与教学有关的各种资料，仔细阅读、不断钻研。近几年她开设个人公众号，与同行们分享保育和教学心得、教学经验，成为幼儿园的领头雁，体现了张老师具有终身学习的观念。

(2)张老师的做法践行了关爱学生的教师职业道德规范。关爱学生要求教师关心爱护全体学生，尊重学生人格，平等公正对待学生。对学生严慈相济，做学生良师益友。保护学生安全，关心学生健康，维护学生权益。材料中，张老师没有忽视性格孤僻的幼儿，给予她更多的爱与关注，帮助学生尽快融入集体，其做法体现了关爱学生。

(3)张老师的做法践行了爱岗敬业的教师职业道德规范。爱岗敬业，就是要求教师对教育事业具有强烈的责任感和深厚的感情。教师应努力履行人民教师的神圣职责，在教书中育人，在育人中教书，用自己的辛勤劳动和无私奉献去诠释人民教师的高尚师德。材料中张老师订阅与教学有关的资料、开设公众号、与同行分享保育教育经验与教学心得、关心帮助学生等的行为表明张老师热爱教育事业，对工作认真负责，体现了爱岗敬业的职业道德规范。

因此，作为教师，要遵守教师职业道德，用心呵护每一位幼儿，不断钻研保育能力工作，促进幼儿不断发展。

12. (1)①任老翻译的文学形象皮皮，个性鲜明，真实可爱，给儿童文学创作者很大的启发；②他通过对林格伦作品的翻译和介绍为中国儿童文学带来一股新风，儿童文学不再显得教训意义过重，而是充满儿童视角和游戏精神；③打开中国儿童文学作家的眼界，看到了中国儿童文学长期以来的缺失。

(2)可小：①满怀童心，直到耄耋之年依然如故，他可谓是个十足的小孩；②一生从事儿童文学的翻译与创作，与小孩结下不解之缘。

可大：①即便身处逆境也仍然乐观豁达，品格可谓高尚；②为中国的儿童文学做出了巨大贡献，构建起一个让人仰望的高度，成就堪称伟大。

13. (1)秋天有丰富多彩的声音可以听，用耳朵听秋天，可以收获单纯的快乐与纯粹的幸福。

(2)"听秋"就是指用心感受自然。其意义在于释放生活的压力；发现自然的美丽；增加热爱自然的感情；净化人的心灵；从自然中获取幸福和快乐，获取关于人生的更深刻的体验。

14. (1)①有俯视院里大人们的生活和开阔视野的乐趣；②有独享自然世界的惬意；③屋顶上是热闹的、自由自在的乐园。

(2)这句话表达了作者对束缚生活的无奈和对

曾经享有的大杂院的奔放自由的怀恋。作者认为胡同和大杂院是老北京的象征，一旦它们消失，老北京的韵味也就消失了。体现了作者对胡同和大杂院的喜爱以及今后它们可能被拆的担忧与不舍。我认同作者的观点。我认为胡同和大杂院就是老北京文化的物质载体。胡同和大杂院见证了多少北京孩子热闹自由的童年；凝聚了多少邻里间的欢声笑语；再看夏日里围坐在院中乘凉的老人，再听那“余音绕梁”的吆喝……这一个个最质朴的生活片段都流露着老北京的韵味。因此，希望即便现在住在水泥森林里，人们也不要忘了那段胡同里的快乐日子。（本题为开放性简答题，没有唯一确定的答案。从文意出发，言之成理，自圆其说即可）

15.（1）论证了有些动物的游戏与生存适应毫无关系的观点，从而进一步说明了“演习说”的漏洞。

（2）科普文的艺术性主要体现在通俗性和趣味性这两个方面，即要“深入浅出，引人入胜”。对一般读者而言，动物游戏行为研究是一门比较陌生的科学。为了将动物游戏的动机这一科学原理说清楚，作者通过举例，给读者以具体实在的感性形象。同时，浅显的语言，形象的描写，将抽象的、枯燥的知识说得具体、生动，增强了文章的可读性。

第 19 天

写作题（参考范文）

1. **师德潜入教，润生细无声**

有人说，师德像是一颗遥示北方的北极星，为暗夜中不辨方向的学生明确了人生的地理位置；有人说，师德像是一盏暖意融融的油灯，给茫然不知归路的学生照亮了回家的道路；也有人说，师德像是那个巨大而灿烂的太阳，让度过漫漫长夜的学生感受到爱的温度与希望的光芒。这些比喻都是如此准确地契合着教师这一职业，契合着师德在教学活动中的作用。然而，我仍觉得，师德更像是初春绵绵细细、柔和得像酥油般的新雨，虽柔细，却绵密，更深透，在无声之中让暖意随血液流淌过全身，浸润着学生的心灵，让学生的成长与发展在潜移默化中发生。

师德，首先是热爱学生。学生在老师的眼中，始终是一株需要呵护、施肥、修剪的幼苗。而教师在育苗过程中对这些幼苗的热爱，不仅仅体现于表面上的不侮辱、不谩骂、不歧视、不体罚，更重要的是要发自内心地去关心他们，能够尊重他们的人格，平等、公正地对待他们，遇到突发事件时能舍身去保护他们；学生在向教师寻求帮助时，教师能够竭尽全力去开导、引导他们，激发并使之保持学习的热情。教师将对学生的爱融入教师教学与学生学习的点滴之中，学生目观耳闻心明身行，必然能在感受到教师这份暖意积极奋发的同时，于无形之中学会尊重他人，关爱他人，帮助他人。

师德，其次是不断提高完善个人素质。教师和学生一样，是不断发展中的人。教师作为学生学习的榜样，更应该在道德素质方面严格要求自己。工作中，兢兢业业，廉洁从教，对于自己负责的事情，绝不推诿；对于自己力所能及的事情，绝不回避；对于能够帮助学生的事情，绝不忽视。生活中，严于律己，宽以待人，为人师表，举止文明，以谦谦风度、文质彬彬对待学生，感染他人，为集体创造和谐的工作氛围与学习环境。教师将个人素质通过点滴小事体现出来，学生目观耳闻心明身行，必然能在良好的学习生活环境中保持积极乐观的心态的同时，于无形之中学到淡然从容的气度、知礼有节的风度与积极向上的态度。

师德，最后是学无止境，终身学习。人，终其一生都无法彻底窥探清楚这个世界，只能无限向这个目标趋近，达到一个一个的阶段目标。教师虽然身为人师，但并非“万知万能”，只有不断更新知识内容，纵深方向扩展知识储备，努力学习和掌握现代教育技术，谦虚听取学生、同事的意见，认真总结经验与方法，掌握实际的教育规律，才能提高自己的教学水平。教师将这份虚心学习进而达到自身阶段目标的成果通过教育教学自然展现在课堂之中时，收获的不仅是学生的敬仰与崇拜，学生目观耳闻心明身行，必然能在体会到知识的魅力与学习的重要性的同时，于无形之中调动起学习的积极性，形成良好的学习态度与学习意识。

师德是一场初春细雨，绵绵洒洒，于无声之中浸润至深，于无形之中影响着学生人生观、价值观与世界观的发展，影响着学生道德品质的生长，影响着学生学习之心的扎根发芽。它使学生不再是一个学习知识的工具，而是让学生得以成长为一个全面发展、有血有肉、有理想、有抱负、立志美好未来的“真人”。

2. **活到老学到老**

师旷和晋平公的对话，突出了“人的一生都

需要学习”的主题。从少年、壮年到老年,虽然每个阶段学习的效果不同,但是学习是始终不能放弃的事业。这是每个向上者的需要。作为一名合格的教师,终身学习无疑是教师自身素质提高的必要保证,更是能胜任教学任务的前提条件。

陶行知先生在《教师自动进修》中指出:“有些人一做了教师,便专门教人,而忘记自己也是一个永久不会毕业的学生。因此很容易停止长进,甚至于未老先衰。只有好学,才是终身进步之保险,也是常青不老之保证。”现在提倡教师应“终身学习”,要经常性地“充电”,不断提升自己的素质。

华罗庚生于江苏,父亲以开杂货铺为生。他从小爱动脑筋,初中毕业后,曾入上海中华职业学校就读,但因家境不好,拿不出学费而中途退学,在父亲的杂货店里当店员,故一生只有初中文凭。辍学以后他开始顽强自学,每天学习 10 个小时以上,由于刻苦努力,终于在数学上初露锋芒,引起清华大学数学系主任熊庆来先生的高度重视,经过他的推荐,于 1931 年任清华大学数学系助理,负责管理图书、公文、打字等。从 1931 年起,华罗庚在清华大学边工作边学习,用一年半时间学完了数学系全部课程。他自学了英、法、德文,在国外杂志上也发表了自己的论文。华罗庚的勤奋好学感动了美国著名数学家维纳,维纳推荐他去剑桥学习深造,后来华罗庚成为世界著名的数学家。

从幼年、少年、青年、中年直至老年,学习将伴随人的整个生活历程并影响人一生的发展。古人说:“书山有路勤为径,学海无涯苦作舟。”没有止境地学习,是每一个向上者所必需的。人要想不断地进步,就得活到老学到老,在学习上不能有厌烦之心。自人类诞生之日起,学习就成为整个人类及每一个个体的一项基本活动,之所以提出“终身学习”的观点,是因为人类几千年积累下来的知识文化,只用几十年是学不完的,故先贤庄子曾说:“吾生也有涯,而知也无涯。”何况现代社会的知识寿命大为缩短,个人用十几年所学习的知识,会很快过时。如果再不学习更新,马上就会进入所谓的“知识半衰期”。

“生有涯,知无涯。活到老,学到老。”在这个竞争激烈的社会中,我们不仅要学习实践知识,还要不断充实理论知识。因为知识也在日新月异,旧的知识会追不上这个社会快速前进的车轮。如果你不努力去学习,就会被社会淘汰,特别是作为一名教师。人们常说:“要想给学生一杯水,自己须有长流水。”教师要学为人先,与时俱进,生命不息,学习不止,成为适应时代要求的学习型教师。

3. 家校合育的科学性

在学生的成长过程中,家长是一直陪在学生身边的角色,家庭环境对学生的成长产生着重要的影响。因此教育不能只交给学校,家长也应该作为表率引导孩子往积极乐观的方向发展。良好的教育不仅仅是学校给的,还需要家庭教育与学校教育进行合作,这两者是不可分割的。

孩子的成长与进步既离不开学校,也离不开家庭。在学校学生接受到的教育大部分都是书本上的知识,但是家庭教育带给学生的却是性格的养成与心灵的健康,对学生以后的发展是非常重要的,因此家长也要以身作则,为学生做一个好榜样。学校除了做好文化知识教学外,还需要做好家长工作,加强与家长交流互动,开展家校共育,积极探索和建设一种健康、生态、科学的家校关系,实现合力教育,增强学生的核心素养。

家庭教育对人产生的影响是终身的,而学校教育对人产生的影响是阶段性的,因此必须加大家校合作力度。在教学过程中,教师应转变原有观念,将学生的学习与家庭教育结合起来,在教学过程中积极寻求家长的合作。学校也应积极地与家长沟通协调,在学校与家庭之间构建一个沟通平台,这样一来,学校的教育有了方向,而家长也了解了学生在校园的真实情况。泰曼·约翰逊认为“成功的家教造就成功的孩子,失败的家教造就失败的孩子”,从这个意义上讲,家庭教育是其他一切教育的基础,是学校教育和社会教育的助手和补充。父母是孩子的第一任老师,父母的言行能对子女产生潜移默化的影响。

要想做到家校合育,首先学校要转变原有观念,重视家校合育,重构家校关系。在教学过程中教师可以积极与家长联系,寻求家庭的配合,多举办家校活动,加强学生与家长、教师与家长、学生与教师之间的联系。只有明确班级发展目标,才能够更好地吸引家长参与班级建设和学生教育。要想促进家校合育,就要努力提高家长参与性,让学习不再只产生于学生与教师之间,要学会利用主题活动带动家长参与。这样一来既在无形之中加深了家长与学生之间的联系,让家长能够了解学生的学习情况,学生能够了解家长的想法,同时也有利于教师工作的开展。

家校合作、家校共育是当前教育领域倡导的理念，家庭和学校形成合力，才能确保教育理念落实到位。

4. 奋斗的青春

在中华文明的历史长河中，中华民族经历了百余年的抗争、革命、改革和建设。从战火纷飞的年代，青年学生投笔从戎、抗日救国，用浴血的青春和激情在满目疮痍的中华大地上写下“奋斗”二字，到改革开放初期，经济特区的人们突破重重阻力，杀出一条血路，用敢闯敢干的无畏气魄，在蓄势待发的中华大地上写下“奋斗”二字。百年探索历程告诉我们一个道理，那就是“奋斗成就梦想”。

今天，我们迎来了中华民族的伟大复兴，中国梦成为无数当代青年个人奋斗、实现自我价值的精神依托。无论是个人梦想还是中国梦的实现，都离不开“奋斗”二字和行动的哲学。正如习总书记所说：“青年时代，选择吃苦也就选择了收获，选择奉献也就选择了高尚。青年时期多经历一点摔打、挫折、考验，有利于走好一生的路。”

作为当代青年，要用奋斗的精神接过历史的接力棒。回溯历史，中华民族在百折不挠的奋斗中实现了从站起来、富起来到强起来的伟大飞跃，夺取了一个又一个举世瞩目的伟大胜利。历史的接力棒传到今天，我们决不能躺在前人奋斗的成就上“坐吃山空”，安于现状、贪图享受，我们要始终不忘初心，砥砺前行，保持着永不懈怠的奋斗精神，以奋斗者的姿态走进新时代。

作为当代青年，要将个人理想和中国梦结合起来，在奋力实现中国梦的征途中实现个人价值。历史和现实都告诉我们，青年一代有理想、有担当，国家就有前途，民族就有希望。青年作为民族复兴之希望，国家未来之栋梁，必须要有自己的理想。这种理想不是不切实际的白日梦，也不是只顾自我的小追求，而是将实现自我价值与实现民族复兴统一起来的愿望和目标。理想只是第一步，实现理想的关键在于行动。“眼因流多泪水而愈益清明”，目标的实现，因为浸润过奋斗的汗水而熠熠生辉。不论是大学生村官，还是自愿服务西部的志愿者，不论是塞罕坝林场建设者，还是作为“先行者”“探路人”的飞行员，都用汗水书写着“奋斗”这一时代主旋律。

人的一生只有一次青春。现在，青春是用来奋斗的；将来，青春是用来回忆的。正如保尔·柯察金所言：“一个人的生命应当这样度过：当他回首往事的时候，不因虚度年华而悔恨，也不因碌碌无为而羞耻。”要想回首往事不悔恨，将来不遗憾，我们现在就必须艰苦奋斗，用青春之梦筑起中国梦！

5. 教育从尊重学生开始

美国著名作家和教育家爱默生曾精辟地指出：“教育成功的秘密在于尊重学生。”谁掌握了这把钥匙，谁将获得教育上巨大的成功。在这里，爱默生先生把尊重学生当成打开教育成功之门的钥匙，是非常正确的。

对于尊重学生，我深有体会。在我实习的时候，经历过一件难忘的事情。教师节前夕，我收到一张贺卡，里面写着：“老师，谢谢您善意的谎言。”看到这娟秀的字迹，我就知道是谁。记得那天我正在讲课，突然看到小 A 在匆忙地写着什么。这时，其他学生也注意到了，纷纷把目光投向了小 A。恰好她一抬头，碰到我的目光，赶忙将桌上的纸条揉成团捏紧。我走近她，和气地说：“把纸条给我吧！”她看了看我，脸都红到耳朵根了。我伸出了手，她这才把那纸团放在我的手心里。我展开一看，“可惜不是你”五个字跃入眼中。我再次看了看小 A，她一直低着头，我清了清嗓子，说：“大家一定很想知道这张纸上写了什么？”不少学生都说：“想！”我说：“小 A 同学写的是‘努力了不一定会成功，不努力肯定不会成功’，而且她今天的字写得非常大方、秀气。”小 A 猛地抬起头，这时我观察到她快速而又细微变化的眼神，惊讶、感激……人人都有追求完美、受人尊重和得到信任的需要。正因为我尊重这位学生的人格，不因为她表现不好而忽视她，所以才会有她后来的上进。还是那句老话，尊重是教育的前提。

学生无论在家庭、学习、性格、思想等方面如何千差万别，作为合格的教师，都应该尊重他们的个性与差异。教育家陶行知当校长的时候，有一天看到一个学生用砖头砸同学，当即喝止他，并令他放学后到校长室去。放学后，陶行知来到校长室，这个学生已经等在门口了，可见面后，陶行知却掏出一块糖送给他，并说：“这是奖给你的，因为你按时到了。”学生惊讶地接过了糖。随之，陶行知又掏出一块糖放到他手里，说：“这块糖也是奖给你的，因为我不让你再打人时你立即住手了，这说明你很尊重我。”那个同学更惊讶了。之后，陶行知又掏出第三块糖塞到了他手里，说：“我调查过了，你打同学，是因为他欺负女生。说明你很正直善良,应该奖励你啊!”那个同学感动极了,他流着泪后悔地说:“陶校长,我错了,同学不对我也不能用这种方法打人!”这时陶行知又拿出了第四块糖,说:“你已经认错,再奖励你一块,我的糖给完了,我们的谈话也到此结束。”

中国教育家魏书生曾说过:“人心与人心之间,就像高山与高山之间一样,你对着对方的心灵大山呼唤:我尊重你……那么,对方心灵高山的回音便是:我尊重你。”尊重是双向的,只有尊重才有平等,只有平等才有信任,有了信任,教师才可能深入学生的内心世界,准确把握学生的心理状态,才能与学生进行心灵的沟通,最终才能达到良好的教育教学效果。

6. **同样精彩的生命**

不论是仙人掌还是沙漠大黄,它们都在沙漠的严酷之下活出了属于自己的精彩。

是沙漠造就了仙人掌的针状叶,也是沙漠造就了沙漠大黄的碧绿叶片。无所谓喜欢或不喜欢,无所谓伟大或不伟大,生命在沙漠中的每一种形态都值得我们去崇敬,就像那些在同一黑暗年代下却迥然不同的文人们,不同的生命形态,却带给我们同样的爱和感动。

如果因为政治的黑暗与当权者的冷酷而把晋朝比作文化上的沙漠,想必不太会有异议。一个刚刚结束分裂的国家总是对统一有着无比的执着。于是在这个沙漠上,便有了如沙漠大黄般的嵇康和如仙人掌般的阮籍。一直很喜欢嵇康,这个“岩岩若孤松之独立,巍峨如玉山之将崩”的奇伟男人,便如同沙漠大黄一般活得灿烂,活得潇洒。他穷其一生都在为自己“不以天下私亲,宁济四海蒸民”的政治理想而骄傲地活着,于竹林中大醉,在乡舍中打铁,舒展张扬而为世界所倾倒,甚至于生命将要终止的时候还能“顾视日影,索琴弹之”,当真是把生命的叶片全都舒展开来,把所有水滴都收集起来,所以这个如沙漠大黄般的男人为人们所赞颂。相比于嵇康,同是竹林七贤中的阮籍就好比仙人掌,沉静安稳,但依旧精彩。阮籍的八十二首五言《咏怀》,就像脱胎于屈原的《天问》,但相比其更显深度;就像是封建社会人们对于生命存在意义的极致思考,阮籍所写的《大人先生传》更成为后世这类文章的模仿典范。不同于嵇康的灿烂,阮籍的生命更有广度,也同样精彩。

或许近代的战事频发也可以看成是一个文化的沙漠,在这之中陈寅恪无疑是那仙人掌,而傅斯年更像是沙漠大黄。同是国学大儒,“傅大炮”选择了尽展枝叶以抵御沙漠,他可以当面责问蒋介石,更可驳斥自己的老师胡适,但他还是“史语所”的发起人,更是台湾大学历史上最有名的校长,就像沙漠大黄一样,恣意而无所畏惧。相比于傅斯年,隐忍的陈寅恪更像是仙人掌,不追求外展的生命,只是把叶片变针,教书育人,桃李满天下,从当年的清华四大导师之一到中山大学教授,他的生命堪称伟大,而在失明膑足后,口述而成的《柳如是别传》更是那沙漠之上的奇葩。

无论是风、是沙、是炎热、还是寂寞,那些沙漠中的植物都不停地带给我们力量,正如不同形态的文人带给我们同样的爱和感动。

第三阶段　模拟试卷

(本阶段共2天)

第20天

模拟试卷(一)

一、单项选择题

1. A　[解析]教师要尊重幼儿,信任幼儿,尊重幼儿的隐私,要保护幼儿的自尊心。题干中教师的行为没有尊重、信任幼儿,侵犯了幼儿的人身自由权,故该老师的做法是错误的。
2. D　[解析]题干中董老师上完公开课后回看自己的课堂录像,从中总结问题并分析原因,这是在对自己的课堂教学进行自我反思,通过反思不断深化认识,改善教学。所以,该做法体现的教师专业发展途径是教学反思。
3. D　[解析]幼儿和成人一样,彼此平等,具有相同的价值。幼儿作为权利主体拥有权利,题干中的张老师大声斥责讽刺乐乐的行为,损害了乐乐的自尊。
4. A　[解析]孩子们就学习内容展开激烈争论是对学习产生浓厚兴趣的表现,教师的阻止、不加干预都会影响幼儿学习的积极性,不妥当。向专业人员请教是可以的,但是不能在课堂上进行,会影响正常教学。因此,教师最好因势利导,鼓励幼儿课后探究。

5. D　[解析] B 项，学校不是学生的法定监护人，不承担监护人责任，B 项说法错误。根据《学生伤害事故处理办法》第九条规定，因学校组织学生参加教育教学活动或者校外活动，未对学生进行相应的安全教育，并未在可预见的范围内采取必要的安全措施而造成的学生伤害事故，学校应当依法承担相应的法律责任，并非承担全部责任，C 项说法错误。根据我国法律规定：“提供格式条款一方免除其责任、加重对方责任、排除对方主要权利的，该条款无效。”故题干中学校与学生家长所签的学校免责协议无效。本题选 D。

6. A　[解析]《中华人民共和国教育法》第七十七条规定，在招收学生工作中滥用职权、玩忽职守、徇私舞弊的，由教育行政部门或者其他有关行政部门责令退回招收的不符合入学条件的人员；对直接负责的主管人员和其他直接责任人员，依法给予处分；构成犯罪的，依法追究刑事责任。题干中的园长在招生工作中违反了我国《教育法》的相关规定，教育行政部门可以依法给予其行政处分。故本题选 A。

7. D　[解析] 幼儿财产权包括财产所有权、继承权、受赠权以及知识产权中的财产权利等。题干中刘程程获得的奖金应属于刘程程本人，而非其监护人，故本题选 D。

8. C　[解析] 根据《中华人民共和国未成年人保护法》第三十五条规定，学校、幼儿园应当建立安全管理制度，对未成年人进行安全教育，完善安保设施、配备安保人员，保障未成年人在校、在园期间的人身和财产安全。学校、幼儿园不得在危及未成年人人身安全、身心健康的校舍和其他设施、场所中进行教育教学活动。题干中张老师的做法是错误的，老师不能在危及学生人身安全、健康的校舍或其他设施、场所中进行教育教学活动。

9. B　[解析]《中华人民共和国教育法》第二十九条规定，学校及其他教育机构行使下列权利：(一)按照章程自主管理；(二)组织实施教育教学活动；(三)招收学生或者其他受教育者；(四)对受教育者进行学籍管理，实施奖励或者处分；(五)对受教育者颁发相应的学业证书；(六)聘任教师及其他职工，实施奖励或者处分；(七)管理、使用本单位的设施和经费；(八)拒绝任何组织和个人对教育教学活动的非法干涉；(九)法律、法规规定的其他权利。国家保护学校及其他教育机构的合法权益不受侵犯。

10. C　[解析]《幼儿园工作规程》第二十条规定，幼儿园内禁止吸烟、饮酒。题干中余某的行为违反了《幼儿园工作规程》的规定，是不合法的，故本题选 C。

11. B　[解析]《中华人民共和国教育法》第七十三条规定，明知校舍或者教育教学设施有危险，而不采取措施，造成人员伤亡或者重大财产损失的，对直接负责的主管人员和其他直接责任人员，依法追究刑事责任。

12. A　[解析] 根据《中华人民共和国教师法》第九条规定，为保障教师完成教育教学任务，各级人民政府、教育行政部门、有关部门、学校和其他教育机构应当履行下列职责：(一)提供符合国家安全标准的教育教学设施和设备；(二)提供必需的图书、资料及其他教育教学用品；(三)对教师在教育教学、科学研究中的创造性工作给以鼓励和帮助；(四)支持教师制止有害于学生的行为或者其他侵犯学生合法权益的行为。A 项应当是提供符合国家安全标准的教育教学设施和设备。

13. B　[解析]《中华人民共和国宪法》第六十二条规定，全国人民代表大会行使“制定和修改刑事、民事、国家机构的和其他的基本法律”“选举中华人民共和国主席、副主席”“审查和批准国民经济和社会发展计划和计划执行情况的报告”的职权。“依照法律规定决定省、自治区、直辖市的范围内部分地区进入紧急状态”是国务院的职权，本题选 B。

14. C　[解析] 根据《中华人民共和国义务教育法》第十一条规定，适龄儿童、少年因身体状况需要延缓入学或者休学的，其父母或者其他法定监护人应当提出申请，由当地乡镇人民政府或者县级人民政府教育行政部门批准。

15. B　[解析]《儿童权利公约》提倡的四项原则是：儿童最大利益原则；尊重儿童权利与尊严原则；无歧视原则；尊重儿童观点的原则。

16. B　[解析] 根据《幼儿园工作规程》第十条规定，幼儿入园前，应当按照卫生部门制定的卫生保健制度进行健康检查，合格者方可入园。幼儿入园除进行健康检查外，禁止任何形式的考试或测查。

17. D　[解析] 江南制造局翻译馆，是清朝官办的翻译出版机构，它翻译出版的图书大多数是科技图书。墨海书馆，是上海第一家有铅印设备的印刷机构。主要印刷伦敦布道会传教用的《圣经》和小册子，翻译出版少量科技书籍。益智书会是1877年由在华新教传教士第一届大会组织成立，主要为初等和高等学校编辑教科书，主要供教会学校使用。土山湾印书馆是19世纪60年代耶稣会传教士在上海徐家汇附近的土山湾创建的印书馆，主要出版宗教书籍。

18. C ［解析］2020年12月10日4时14分，我国在西昌卫星发射中心用长征十一号运载火箭，以“一箭双星”方式将引力波暴高能电磁对应体全天监测器(GECAM)送入预定轨道，发射获得圆满成功。为了利于科学传播，GECAM昵称为“极目”。两颗卫星“小极”和“小目”分布于地球两侧，形成两“极”之势，犹如二“目”，将对黑洞、中子星等极端天体的剧烈爆发现象进行观测，快速下传并发布观测警报，引导国内外科学家利用各类望远镜进行后随观测。

19. B ［解析］声波共振会产生比普通振动更大的声音，即便是很微弱的声音也会被增强。海螺壳其实跟小提琴、吉他的共振箱一样，我们听到的是颅内血液流动的声音与壳内空气共振后的声音。

20. A ［解析］韩愈，唐代诗人。字退之，世称韩昌黎。唐代古文运动的倡导者，宋代苏轼称他“文起八代之衰”，明人推他为唐宋八大家之首，与柳宗元并称“韩柳”，有“文章巨公”和“百代文宗”之名。

21. C ［解析］《自由引导人民》是法国画家欧仁·德拉克洛瓦为纪念1830年法国七月革命而创作的一幅油画。画面展示的是夺取七月革命胜利关键时刻的巷战场面，以浪漫主义的手法巧妙地将写意和写实结合起来，运用丰富而炽烈的色彩和明暗对比，表现了革命者高涨的热情，歌颂了以工人、小资产阶级和知识分子为主体的七月革命，该作品成为代表法兰西民族精神的标志。

22. D ［解析］《开国大典》是中国画家董希文创作的油画作品，该作品描绘了1949年10月1日，毛泽东在天安门城楼上宣读中央人民政府公告，宣告中华人民共和国成立的一刻。

23. B ［解析］五四运动标志着中国旧民主主义革命的结束和新民主主义革命的开端，中国革命从此进入了一个新的历史时期。

24. D ［解析］诗句出自《沁园春·长沙》，是毛泽东于1925年晚秋，离开故乡韶山，去广州主持农民运动讲习所的途中，经过长沙，重游橘子洲时所作。

25. A ［解析］中国第一部童话集是叶圣陶的《稻草人》，这篇童话通过一个富有同情心而又无能为力的稻草人的所见所思，真实地描写了20世纪20年代中国农村风雨飘摇的人间百态。故选A项。

26. D ［解析］在Word表格的单元格中既可以输入文本，又可以输入图片和符号。

27. C ［解析］在PowerPoint中，新建一个演示文稿时，第一张幻灯片的默认版式是标题幻灯片，故本题选C。

28. D ［解析］咽喉的比喻义是要塞；眉目的比喻义是头绪。

29. A ［解析］$1\times2+2=4$，$2\times4+2=10$，$4\times10+2=42$，$10\times42+2=422$。

二、材料分析题(参考答案)

30. 李老师的做法值得所有老师借鉴和学习，符合素质教育观的教育理念。

(1)李老师的行为体现了素质教育是以培养幼儿的创新精神和实践能力为重点的教育。创新教育是素质教育的核心，在教育活动中，要求教师培养幼儿的创新精神和实践能力。材料中的李老师在这次活动中，自始至终都没有像传统教育观中的教师那样，束缚幼儿的手脚和思维，对幼儿进行填鸭式知识灌输，而是引导幼儿主动探索、观察，让他们成为活动的主人。

(2)李老师的行为体现了素质教育是促进幼儿全面发展的教育。素质教育倡导的是在教育中使每个幼儿都得到充分的、全面的发展。材料中李老师采用各种教育方法，变“注入”教育为“启发”教育，激发幼儿的学习兴趣，并引导幼儿自己动手实践，促进幼儿探索能力和动手能力的发展。

李老师的行为促进了幼儿生动、活泼、主动地发展，通过实践活动培养了幼儿的良好习惯，很好地贯彻了素质教育的理念。

31. 材料中刘老师的教育行为符合教师职业道德的要求，值得我们学习。

首先，刘老师的行为体现了教书育人的职业道德要求。教书育人要求教师遵循教育规律，循循善诱，诲人不倦，培养学生良好品行，激发学生创新精神，促进学生全面发展。材料中，刘老师为了提高同学们的自信心而开展“独一无二的我”的主题活动，在活动中让学生发现自己的独特之处,交流优缺点。这是关注学生全面发展,实施素质教育的表现。

其次,刘老师的教育行为体现了关爱学生的职业道德要求。关爱学生要求教师关心爱护全体学生,尊重学生人格,平等公正对待学生。保护学生安全,关心学生健康。材料中,刘老师引导小丽关注自己的优点,帮助小丽融入集体,这是关注学生心理健康、关爱学生的表现。

最后,刘老师的教育行为体现了为人师表的职业道德要求。为人师表要求教师严于律己,廉洁奉公。材料中刘老师能够自觉抵制家长的红包,不利用职务之便谋取私利,是为人师表的表现。

因此,作为教师,我们要遵守教师职业道德,爱岗敬业,乐于奉献,关注学生道德品质和心理健康,从而促进学生全面发展。

32.(1)①安置在繁密、粗壮、高大的芦苇丛中,一般不易被人发现;②"一尘不染";③新巢附近都有一个旧巢;④非常精致,精挑细选材料编织而成,色彩有黄褐、嫩黄等,形似杯状。

(2)有科学的研究方法:①跟踪记录,获取观察的资料。作者多次观察了震旦鸦雀的巢卵、孵化和育雏,获取了第一手的真实可信的研究资料。②比较分析,甄别观察的现象。通过与"大苇莺""鹦鹉""啄木鸟"的比较,更好地研究震旦鸦雀的特点。③资料参照,确认观察的结果。偶遇震旦鸦雀,借助"鸟类图鉴",确认是震旦鸦雀,显示观察的严谨。

有科学的研究态度:热爱所从事的事业,有吃苦耐劳的品质。

三、写作题(参考范文)

33. 人生自古谁无"挫"

——笑对挫折成就未来

在狂风面前,大海选择了化痛苦为浪花,才不致使自己成为狂风的俘虏;在暴风雨面前,苍鹰选择了化痛苦为磨炼,才不致在风暴中葬送自己;面对挫折,我们该沉寂吗?消沉吗?深陷其中吗?不!作为未来的教师,要用百分百的勇气与智慧战胜它,用乐观与不服输的精神压倒它,用努力与汗水去浇灌祖国的花朵。

面对挫折,我们要积极乐观。人生就像大海,风浪是不可少的,成长必然会伴随受伤和风险。但换个角度看,每一个困难与挫折都是上天赐予我们磨炼意志的机遇。桑兰在遭遇人生重大变故时表现得非常勇敢,她从未抱怨,就算她知道自己再也站不起来了,她也不后悔练体操。正是因为她的勇敢与乐观,才使她笑对挫折,成就了她非凡的人生。生活因挫折而精彩,生命因笑对挫折而更加绚丽。在挫折面前,保持积极乐观的心态,也许乌云背后依然是灿烂的晴天。

接受挫折,我们要学会逆境时厚积薄发。人的一生注定有坎坷,有泥泞,有悲歌,有挫折,不能因一时的跌倒而一蹶不振,要善于在逆境中思考,总结失败的教训,寻找成功的经验,正所谓"冰冻三尺,非一日之寒"。邓小平戎马一生,三起三落,最终成为中国改革开放的奠基人,虽然他在文革期间被下放江西,但他没有过多抱怨,而是坚持每天读书看报,通过三年的思考,他韬光养晦,厚积薄发,最终成就一番伟业。"咬定青山不放松,立根原在破岩中。千磨万击还坚劲,任尔东西南北风",所以说要重视日常积累,在逆境时不畏惧,厚积薄发,以成就非凡的人生。

接受挫折,我们要学会逆境时永不言弃。作为未来的老师,必然会在教学过程中碰到一些教学难题。比如说:教学压力大、工作条件简陋,或者尽管很努力但就是不被认可,更会面临班级中的"顽固分子"。此时,最重要的是在挫折面前坚持到底,永不言弃,最终击败挫折,笑对挫折。霍金之所以有永不言弃的坚持,中国女排之所以有永不言弃的顽强,爱迪生之所以有永不言弃的勇气,都是因为他们坚信挫折是对成功的考验。永不言弃是一种品格更是一种精神,只有在挫折面前永不言弃才能看到前方的光明。

人生的旅途总是荆棘密布,跌宕起伏,没有谁能够一帆风顺,但是挫折不是前行的拦路虎,而是通往成功之路的指南针。在挫折面前,学会逆境时积极面对、厚积薄发、永不言弃,定会"天堑变通途""柳暗花明又一村",造就属于自己的辉煌!

第21天

模拟试卷(二)

一、单项选择题

1. B [解析]教师对幼儿的想法要给予尊重和鼓励,保护幼儿的想象力。因此,题干中老师面对晨晨的回答,应该予以肯定,进一步激发幼儿学习的热情和动力,故B项回应恰当。

2. A　[解析]素质教育是促进学生全面发展的教育。题干中秦老师的表述表明他注重学生的全面发展,具备素质教育的理念。

3. C　[解析]关注幼儿阶段,教师将考虑幼儿的个别差异,认识到不同发展水平的幼儿有不同的需要,能根据幼儿的差异采取适当的教学,促进幼儿发展。题干中张老师在设计保教活动时能够考虑幼儿的个别差异,采取相应的教学模式,说明张老师处于关注幼儿阶段。

4. A　[解析]面对学生提出的与课堂无关却又有讨论价值的问题,李老师应当肯定、鼓励学生勇于发问的行为,同时告诉学生可在课下进行研究、讨论,这样做既尊重了学生学习的主体性,又不影响教学任务的完成,故本题选 A。B、C、D 三项都不合适,容易打消学生的积极性。

5. B　[解析]《中华人民共和国教育法》第七十二条规定,结伙斗殴、寻衅滋事,扰乱学校及其他教育机构教育教学秩序或者破坏校舍、场地及其他财产的,由公安机关给予治安管理处罚。

6. C　[解析]《中华人民共和国教师法》第二十七条规定,地方各级人民政府对教师以及具有中专以上学历的毕业生到少数民族地区和边远贫困地区从事教育教学工作的,应当予以补贴。

7. C　[解析]根据《中华人民共和国义务教育法》第三十九条规定,国家实行教科书审定制度。教科书的审定办法由国务院教育行政部门规定。未经审定的教科书,不得出版、选用。

8. D　[解析]名誉权是由民事法律规定的民事主体所享有的获得和维持对其名誉进行客观公正评价的一种人格权利。我国相关法律规定,公民享有名誉权,禁止用侮辱、诽谤等方式损害公民的名誉。题干中的小豪给小佳取了“肥猪佳”的绰号,还煽动其他同学一起取笑小佳,这是典型的使用口头侮辱的形式侵害他人名誉权的行为。

9. C　[解析]受教育权是学生最基本的权利,任何组织和个人都不得以任何借口非法剥夺学生参加教育教学活动的权利。题干中的幼儿园让幼儿停课参加某公司的庆典的行为,侵犯了幼儿的受教育权。

10. A　[解析]根据《中华人民共和国未成年人保护法》第五十八条规定,学校、幼儿园周边不得设置营业性娱乐场所、酒吧、互联网上网服务营业场所等不适宜未成年人活动的场所。营业性歌舞娱乐场所、酒吧、互联网上网服务营业场所等不适宜未成年人活动场所的经营者,不得允许未成年人进入;游艺娱乐场所设置的电子游戏设备,除国家法定节假日外,不得向未成年人提供。经营者应当在显著位置设置未成年人禁入、限入标志;对难以判明是否是未成年人的,应当要求其出示身份证件。第一百二十三条规定,相关经营者违反本法第五十八条的,由相关部门责令限期改正,给予警告,没收违法所得,可以并处五万元以下罚款;拒不改正或者情节严重的,责令停业整顿或者吊销营业执照、吊销相关许可证,可以并处五万元以上五十万元以下罚款。

11. B　[解析]《幼儿园工作规程》第四十一条规定,幼儿园教师对本班工作全面负责,其主要职责如下:(一)观察了解幼儿,依据国家有关规定,结合本班幼儿的发展水平和兴趣需要,制订和执行教育工作计划,合理安排幼儿一日生活;(二)创设良好的教育环境,合理组织教育内容,提供丰富的玩具和游戏材料,开展适宜的教育活动;(三)严格执行幼儿园安全、卫生保健制度,指导并配合保育员管理本班幼儿生活,做好卫生保健工作;(四)与家长保持经常联系,了解幼儿家庭的教育环境,商讨符合幼儿特点的教育措施,相互配合共同完成教育任务;(五)参加业务学习和保育教育研究活动;(六)定期总结评估保教工作实效,接受园长的指导和检查。B 项是幼儿园园长的工作职责,因此 B 项错误。

12. C　[解析]《幼儿园工作规程》第二十五条规定,幼儿园教育应当贯彻以下原则和要求:以游戏为基本活动,寓教育于各项活动之中。题干中幼儿园每天安排 45 分钟的识字课,违背了《幼儿园工作规程》的相关规定,故做法错误。

13. A　[解析]终身学习要求教师崇尚科学精神,树立终身学习理念,拓宽知识视野,更新知识结构。题干中教育理念辅导报告能够提高教师的理论素养,同时在新课改的背景下,教师只有做到更新教育理念,树立终身学习意识,才能成为称职的老师。

14. B　[解析]班主任要关心学生,针对家长希望李老师多提问然然的情况,班主任需要和李老师沟通说明情况;然然同学上课不积极回答问题,必须家校合力帮助孩子进步。故正确答案为 B。

15. B　[解析]《中小学教师职业道德规范》(2008

年)中“爱岗敬业”要求教师对工作高度负责,不得敷衍塞责。题干中迟老师认为校本教材无需过于认真,这样的做法明显违背了“爱岗敬业”的职业道德规范。

16. A [解析]七国之乱是发生在西汉景帝时期的一次诸侯国叛乱。

17. D [解析]1938年,毛泽东在党的六届六中全会上作了题为《论新阶段》的政治报告,最先提出了“马克思主义中国化”这个命题。故选D。

18. B [解析]《黄河大合唱》是冼星海的代表作品,是现代中国音乐史中一部“里程碑”式的合唱作品。

19. B [解析]金鱼利用鳃进行呼吸,而鱼鳃只能吸收溶解在水中的氧气,所以金鱼的口和鳃盖不停地交替张合,是为了完成呼吸。

20. D [解析]那达慕大会是我国蒙古族的传统节日,主要有摔跤、赛马、射箭、套马、下蒙古棋等民族传统项目。A项泼水活动是我国傣族的传统节日活动;B项跳板是我国朝鲜族的传统体育活动;C项上刀山是我国壮族人祭祀、祈福、驱邪的一种仪式。

21. C [解析]C项,一是使用“各国”的提法不正确,因为当时发生工业革命的国家很少,屈指可数;二是“迅速实现工业化”之说显然不对。故答案为C项。

22. C [解析]《百年孤独》是哥伦比亚作家加西亚·马尔克斯创作的长篇小说,被誉为“再现拉丁美洲历史社会图景的鸿篇巨著”。

23. B [解析]该画派是印象派,莫奈是印象派画家。德拉克洛瓦是浪漫主义画家;毕加索是立体主义画派的创始人;米勒是法国现实主义画家。

24. A [解析]《罗密欧与朱丽叶》是莎士比亚著名戏剧作品之一,故事讲述罗密欧与朱丽叶二人于舞会一见钟情后方知对方身份,最后二人为了在一起,朱丽叶先服假毒,醒来发现罗密欧自尽,也继而自尽。

25. C [解析]西气东输输送的是天然气,天然气的主要成分是甲烷。

26. A [解析]在Word中,剪切和复制的内容都将保存到剪贴板上,因此这7次操作的内容将被保存在剪贴板上。用户可通过剪贴板窗格查看这7次操作的内容。但是,在进行粘贴时,粘贴的是最后一次操作放入剪贴板的内容。

27. B [解析]“=AVERAGE(A1:B3)”表示单元格A1、A2、A3、B1、B2、B3内数值相加后的平均值,即$C5=(1+2+3+4+5+6)/6=3.5$。

28. D [解析]确定题干的逻辑关系:白驹过隙比喻时间过得很快;秒表可以测量时间,二者都与时间有关。风驰电掣形容非常迅速,像风吹电闪一样;测速仪用来测试速度,二者都与速度有关,与题干逻辑关系一致。故本题选D。

29. A [解析]此数列为等差数列,公差为8。故空中数应为30。

二、材料分析题(参考答案)

30. 材料中教师的表现符合“育人为本”的儿童观,值得借鉴。

(1)幼儿是学习的主体,是具有能动性的教育对象。幼儿在受教育过程中并不是对教师完全盲从,而是具有在教育活动中的主观能动性和自我教育的可能性。材料中李老师让洋洋教同学们折青蛙的行为,调动了幼儿学习的主动性,让幼儿不仅会做,而且会表达,感受到了传播知识的快乐,做到了把课堂还给幼儿。

(2)幼儿是发展中的人,要用发展的观点认识幼儿。幼儿具有巨大的发展潜能,教师应用发展的眼光去看待幼儿,对幼儿进行形成性评价。材料中洋洋在演示折青蛙的过程中因遇到困难而呆站着时,李老师并没有指责幼儿,而是投以鼓励的目光,帮助洋洋完成了演示任务,促进了洋洋的发展。

(3)幼儿是独特的人。幼儿是独一无二的人,每个幼儿与外界相互作用的方式、风格等都不同,都有其优势领域和劣势领域,教师应当将幼儿看成独特的个体,因材施教,促进幼儿的全面发展。材料中李老师看到洋洋在折纸,便让洋洋教同学们折青蛙,在洋洋表述遇到问题时,李老师还会鼓励洋洋,并给予洋洋及时的帮助,说明李老师看到了幼儿发展的独特性,做到了因材施教。

总之,材料中李老师的教育行为符合“育人为本”的儿童观,做到了尊重赞赏幼儿、促进幼儿全面发展和以幼儿为主体,值得大家学习。

31. 张老师的保教行为是错误的,违背了教师职业道德规范,是值得反思的。

(1)张老师的行为违背了关爱幼儿的教师职业道德规范。关爱幼儿要求教师关心爱护全体幼儿,尊重幼儿人格,平等公正对待幼儿。材料中,张老师隔离小明、威胁其他小朋友的行为,没有尊重幼儿的人格和情感,违背了教师职业道德规范中关爱全体幼儿,尊重幼儿的要求。

(2)张老师的行为违背了教书育人的教师职业道德规范。教书育人要求教师能因材施教,培养幼儿良好品行,激发幼儿创新精神,促进幼儿全面发展。材料中,张老师没有依据小明自身的不足之处因材施教,而是直接对其进行处罚,这样的保教行为不能够较好地促进小明的长远发展。

(3)张老师的行为违背了终身学习的教师职业道德规范。终身学习要求教师要不断提升自己的专业素养和教育教学能力。材料中,张老师对师德集训嗤之以鼻,说明张老师不能认识到终身学习的重要性。长此下去不利于教师的保教工作,更不利于幼儿的长远发展。

作为一名教师应尊重、关爱每一位幼儿,因材施教,培养幼儿良好品行,不断丰富自己的教育知识和技能,促进幼儿的健康发展。

32. (1)因为消费从来就不是单纯地满足人们衣食住行的要求,而是伴随着人们心理上的需求的,它能让生活丰富多彩,提高生活品位和层次。

(2)不矛盾。节俭是中华民族的传统美德,如今的"节俭"并不是一味地讲求清苦贫困,而是要人们能省则省、该用则用。消费是健康、科学而有序的。除要量力而行、量入而出外,还应提高消费品质。在经济寒潮面前,从根本上扭转经济下滑趋势,实行扩大内需,促进居民消费需求的政策措施,是十分正确的。

因此,既要促进消费,还要注重"节俭",这对国计民生是有利的。

三、写作题(参考范文)

33. **发挥期望效应以促进学生成长**

教师不仅要对学生充满殷切的期望,而且要将期望信息有效地传递给学生,不但学生会在教师的积极期望中形成良好的行为表现,而且教师也会从学生积极的行为变化中,获得教育成就感,如此循环往复,必然会进入一个由期望引起的良性循环之中,有助于师生的共同成长。

建立期望教育观,提高教师效能感。一个合格的教师应树立"没有教不好的学生,只有不会教的老师"的观念,相信每位学生都有成功的潜能,真正贯彻素质教育"面向全体学生"的思想,彻底摒弃嫌弃后进生、排斥后进生的思想和行为。有些学生基础差,但动手能力强,很有创造性,思维活跃,教师对他们要多关心、多鼓励,不断以切合实际的期望去引导他们,用爱和信心去支持学生的进步,使他们也能体验到成功的喜悦。"没有爱,就没有教育",教师应该让希望的阳光照亮每一个学生的心灵,从他们身上发现积极向上的因素,充分相信学生发展的愿望和可能性。

全面地了解学生,客观地评价学生。教师应以"一分为二"和发展的观点看待学生,不要先入为主,要控制自己的消极评论,多给予积极评价,宽容地对待学生的缺点和错误,多对学生进行纵向比较。每个学生都具有在某方面或多个方面的发展潜能,只要为他们提供合适的教育和训练,每个学生都能成功。作为教师,应在教学中创造条件,尽可能满足学生的这些需要,培养学生的自信心和自我认同感。

建立合理的期望,及时调整期望。教师在具体利用和设置期望目标时,不仅要使期望目标与学生的需要有机结合起来,还要根据学生的需要层次设置远近不同的期望目标。对每个学生寄予高期望的同时,对不同学生提出不同的学习目标,使其强项发展为特长,弱项的发展得到激励,保证每个学生在自己原有的基础上取得进步。教师要及时了解学生的自我期望,根据实际情况将教师期望做出相应的调整或改变。如果教师发现学生有不切实际的自我期望时,应帮助学生调整自我期望,以发挥学生的自我期望与教师期望的积极效应,形成"共振"效果。

以人为本,关注每一位学生的健康成长,这是素质教育的核心,也是新课程体系的价值取向和目标取向。教师期望是一种无形的、巨大的教育力量,与教学效果之间存在着明显的正相关。广大教师要转变教育观念,使教师期望效应朝着最优化的方向循环发展,从而促进学生进步,促进教学改革新理念的实施。

图书反馈

重磅！真题重奖征集!

凡提供当年度考试真题者，均可获得现金奖励。具体请联系QQ:3232490489。

（温馨提示：所提供真题须是当年度考试真题，且真实有效。最终解释权归山香教育所有）

亲爱的考生：

感谢您对山香教育的信任和支持，您的建议是我们前进的动力！为进一步提高图书质量，我们特向全国各地的考生开展有奖反馈活动。

1.凡提供山香图书的错题反馈者，均能获得价值99元的山香网课《高频考点》（基础版）大礼包1份。

2.凡提供反馈项目者，可获得价值299元的山香网课《高频考点》（豪华版）超级大礼包1份。

3.我们从意见被采纳人员中每月抽取幸运者2名，各奖励价值1380元的山香网校网课大礼包一份。

图书反馈链接

¥99
大礼包

¥299
超级大礼包

反馈项目

姓名：	专业：	报考地区：
手机号：	QQ号：	

1.您认为图书中可以增加哪些模块或内容，有助于您的学习？

2.您对本书的印刷、装订、封面有何意见和建议？

3.结合山香现有图书和考情需要，您还需要哪些形式的备考资料？

联系方式：400-600-3363　　**研发部**QQ：1831595423

招教网：http：//www.zhaojiao.net　　**山香网校**：http：//www.sx1211.cn

图书订正链接